UM ANO PARA

ENRIQUECER

UM ANO PARA

ENRIQUECER

52 MENSAGENS

DE OTIMISMO E MOTIVAÇÃO

NAPOLEON HILL

Tradução
RUY JUNGMANN

1ª edição

BestSeller

Rio de Janeiro | 2025

TÍTULO ORIGINAL
Napoleon Hill's A Year of Growing Rich

TRADUÇÃO
Ruy Jungmann

DESIGN DE CAPA
Renan Araujo

IMAGEM DE CAPA
Shutterstock/pinkeyes

CIP-BRASIL. CATALOGAÇÃO NA PUBLICAÇÃO
SINDICATO NACIONAL DOS EDITORES DE LIVROS, RJ

H545a Hill, Napoleon, 1883-1970
Um ano para enriquecer : 52 mensagens de otimismo e motivação / Napoleon Hill ; tradução Ruy Jungmann. - 1. ed. - Rio de Janeiro : BestSeller, 2025.

Tradução de: A year of growing rich: 52 steps to achieving life's rewards
ISBN 978-65-5712-550-2

1. Sucesso nos negócios. 2. Otimismo. 3. Atitude (Psicologia). I. Jungmann, Ruy. II. Título.

25-99159.0 CDD: 650.14
CDU: 005.336

Carla Rosa Martins Gonçalves - Bibliotecária - CRB-7/4782

Texto revisado segundo o novo Acordo Ortográfico da Língua Portuguesa.

Direitos exclusivos de publicação em língua portuguesa para o Brasil
adquiridos pela
Editora Best Seller Ltda.
Rua Argentina, 171, parte, São Cristóvão
Rio de Janeiro, RJ – 20921-380
que se reserva a propriedade literária desta tradução.

Impresso no Brasil

ISBN 978-65-5712-550-2

Seja um leitor preferencial Record.
Cadastre-se e receba informações sobre nossos lançamentos e nossas promoções.

Atendimento e venda direta ao leitor:
sac@record.com.br

Sumário

Prefácio

Para minha sorte, servi como gerente-geral de Napoleon Hill durante dez anos, entre as décadas de cinquenta e sessenta. Nesse período em que trabalhamos juntos, nossas palestras, livros, filmes e consultas particulares produziram resultados excelentes, eficazes e, muitas vezes, surpreendentes. O Dr. Hill e eu ensinamos milhares de indivíduos a se motivarem e motivarem outras pessoas — como e quando quisessem — a conquistar as verdadeiras riquezas da vida, bem como a obter incrível sucesso financeiro e empresarial.

Logo descobrimos, porém, que muitas pessoas aprendiam os princípios, mas nunca desenvolviam o *hábito de aplicá-los.* Perdiam a inspiração, deixavam de esforçar-se. Compreendemos nessa ocasião que a motivação (inspiração para a ação) é como o fogo. A menos que seja constantemente realimentado, a chama se apaga.

A fim de manter queimando forte as chamas da motivação, o Dr. Hill e eu fundamos a revista *Success Unlimited.* Através de artigos inspiradores, fornecemos combustível ilimitado àqueles que sentiam o desejo de se motivar para alcançar níveis sempre mais altos de realização pessoal. A ideia funcionou maravilhosamente bem. Milhares de pessoas vieram a confiar na pequena revista, rica em grandes ideias, para tomar suas injeções regulares de entusiasmo.

Os artigos incluídos na presente antologia apareceram originariamente nas páginas da *Success Unlimited.* Em virtude do duradouro interesse que despertam, a Napoleon Hill Foundation põe agora à disposição de todas as pessoas esta coletânea de alguns dos artigos mais populares do Dr. Hill. Tal como seu sucesso de livraria *Pense & enriqueça*, os artigos aqui reunidos constituem matéria interessante de leitura, e todos contêm uma mensagem que se dirige especialmente a você, leitor. Todos eles têm o propósito de estimulá-lo a desenvolver o poder ilimitado de sua mente.

O livro sozinho não lhe trará felicidade, saúde, poder e riqueza. Mas se estas coisas são o que deseja, o livro o ajudará a gerar ideias e a manter-se focalizado no atingir de suas metas. Você reconhecerá novas oportunidades que antes nem percebia. Mais importante que tudo, porém, será compelido a dar início à ação para aproveitá-las.

A boa saúde e a felicidade podem ser suas. Você pode obter riquezas. Quanto ao poder — você o tem em quantidades ilimitadas dentro de você mesmo. Mas precisará decidir se está disposto a pagar o preço para extrair e usar os princípios do sucesso descritos neste livro, a fim de conquistar as verdadeiras riquezas da vida. A escolha é sua, e só sua.

Se está pronto para descobrir e usar os singelos princípios universais contidos nestas páginas, poderá preparar-se agora mesmo, identificando, exatamente, o que deseja realizar ou adquirir. Quando traçamos objetivos específicos e metas a longo prazo, intermediárias e imediatas, muito maior será a probabilidade de reconhecer, relacionar-se, assimilar e aplicar os princípios e técnicas que nos ajudarão a atingi-las.

Posso, com alguma autoridade, falar sobre a eficácia dessas regras, uma vez que foi a aplicação delas que me permitiu fundar minha primeira companhia de seguros, tendo no bolso apenas cem dólares, e a chegar ao cargo de presidente do Conselho de Administração das AON Insurance Companies, uma organização com negócios de muitos bilhões de dólares ao redor do mundo. Milhares de nossos vendedores, empregados de escritório e acionistas estão hoje nas faixas mais altas do imposto de renda porque praticaram, e praticam, os princípios sobre os quais escreveu o Dr. Hill.

Nos anos que passei como presidente do Chicago Boys Club, vi a vida de jovens moradores dos bairros pobres do centro da cidade mudar para melhor com a aplicação das profundas verdades contidas nesta filosofia de realização pessoal. E vi a reincidência diminuir entre ex-presidiários que conheceram a obra do Dr. Hill em livros e revistas, enquanto cumpriam pena. Esses princípios são eternos, tão aplicáveis hoje quanto no dia em que foram divulgados na *Success Unlimited*.

Sempre me habituei a avaliar meu próprio trabalho e o de terceiros mediante um único padrão: o que importa são os resultados. Sei, por experiência própria e pelas experiências de milhares de leitores que me escreveram dos quatro cantos do mundo, que os trabalhos de Napoleon Hill constituíram uma influência poderosa para trazer felicidade, saúde, poder e riqueza aos que sentiam um desejo sincero, ardente, de atingir esses objetivos.

Os artigos incluídos neste tesouro agora em suas mãos podem fazer o mesmo por você. Se aplicar a fórmula descrita por Napoleon Hill, descobrirá — como já descobriram milhões de outras pessoas — que, na verdade, as únicas limitações que enfrenta são as que você mesmo cria em sua mente.

W. Clement Stone, presidente da
The Napoleon Hill Foundation

Introdução

Esta coletânea de trabalhos de Napoleon Hill tem por objetivo oferecer a você reforço semanal em seu trabalho para alcançar sucesso pessoal e financeiro. Como W. Clement Stone diz com tanta perspicácia no Prefácio, motivação é uma chama que precisa ser constantemente realimentada, se queremos que continue a arder.

Este livro é composto de cinquenta e dois artigos, um para cada semana do ano. Leia a seleção de cada semana durante todos os dias da semana, à mesma hora, numa hora em que tenha oportunidade de pensar nas implicações sugeridas pelos conselhos de Napoleon Hill. Nenhum dos artigos é extenso e nenhum é difícil de compreender. Mas constituem um desafio. Depois de organizar esta antologia e lhe revisar constantemente o conteúdo, posso dizer que fico impressionado com novas inspirações a cada vez que a releio.

Na última semana de meu trabalho neste volume, eu acabara justamente de reler o artigo relativo à Semana 30, "Seja otimista", quando me lembrei de um projeto que havia iniciado, mas depois abandonado como incerto demais. Estimulado, retomei-o naquela noite, e pela manhã tinha uma proposta já redigida.

Uma semana depois, eu o havia vendido por 20% a mais do que esperava. Se tivesse relido mais uma vez "Seja Otimista", tenho certeza de que me teria saído ainda melhor.

Você talvez não tire benefícios imediatos de cada um dos artigos aqui selecionados. "Contentamento" (Semana 49) contém uma mensagem que se destina a servi-lo tão bem nessa semana como durante anos, a partir desse momento, uma mensagem cuja importância se tornará sempre mais clara. "Domínio de cena" (Semana 14), por outro lado, deve lhe dar algumas dicas concretas, as quais pode usar logo que acabar de ler este livro.

Você poderá descobrir também que um dado artigo lhe parece revestir-se de uma clareza especial. Passe alguns dias extras ou uma segunda semana absorvendo-o. Este livro não é uma corrida; é um processo destinado a ajudar você, e não o calendário, e que determinará o progresso que vai conseguir.

Mas se não perceber a utilidade de um artigo na primeira vez em que o ler, não salte para o artigo seguinte. Mensagens podem ser sutis, e talvez seu estado mental não esteja receptivo no momento. Espere, para dar a cada artigo a atenção que ele merece. A maior dificuldade que encontrei ao escolher estes artigos, entre uma coletânea muito mais numerosa, foi que toda vez que relia um que havia descartado percebia nele novas ideias, novas mensagens. Esta é também uma boa razão para recomeçar o ciclo de leitura depois de ter chegado ao fim deste livro. Você já terá crescido muito quando voltar a reler os artigos, então descobrirá uma nova sabedoria e lerá cada um deles a partir de uma nova perspectiva.

Se reler as mesmas centenas de palavras todas as noites a tarefa pode parecer enfadonha, veja algumas sugestões para manter-se animado:

- Inclua-se, e às atividades de seu dia, na mensagem do artigo. Quando, por exemplo, ler a injunção da Semana 5: "Aceite a luta, e vença-a", examine sua vida e identifique as lutas que vem enfrentando.
- Leia o artigo em voz alta. Ouvir as palavras da mensagem pode torná-lo muito mais sensível às suas implicações.
- Trabalhe em parceria. O marido trabalhar com a mulher — ou vice-versa — constitui uma excelente escolha, mas o mesmo acontece com um colega de escritório, alguém em seu grupo de transporte solidário, ou um amigo ao telefone. Discuta suas reações ou combine esta dica com a sugestão acima e leiam o artigo um para o outro.
- Copie o artigo à mão. No início, você pode ficar mais consciente do esforço de escrever, mas será forçado a notar tópicos que pode ter omitido na primeira leitura. E talvez observe também como esteve reconstruindo as palavras de Napoleon Hill para adequar-se a seus propósitos. Escrever cada palavra o fará mais consciente do que lhe está sendo mostrado.

Descarte qualquer impressão que possa ter de que estamos lhe passando um dever de casa, como se estivesse na escola. A única nota que você vai receber por ler este livro é a que você mesmo se concederá. Mas, ao contrário do que acontece no ensino fundamental, as notas que receber com este livro significarão alguma coisa para você dentro de um, cinco, dez ou cinquenta anos. Resolva, aqui e agora, tornar este livro uma ferramenta para conseguir o que quer, e você conseguirá.

M.S.

SEMANA 1

Ninguém chega ao sucesso sem esforço

Ninguém precisa ser futurólogo ou adivinho para predizer o futuro de alguém. Podemos fazer isso simplesmente perguntando à pessoa: "Qual é a *sua finalidade clara* na vida — e que planos fez para atingi-la?"

Se fizer essa pergunta a cem pessoas, noventa e oito delas responderão alguma coisa mais ou menos assim: "Eu gostaria de ter uma boa vida e tanto sucesso quanto pudesse." Embora a resposta pareça boa na superfície, se cavar mais fundo você vai encontrar um indivíduo errante, sem destino, que jamais conseguirá alguma coisa da vida, exceto os restos da mesa dos realmente bem-sucedidos — aqueles que têm um objetivo claro e um plano para atingi-lo. Para ter sucesso, você precisa, neste exato momento, decidir claramente qual é seu objetivo e delinear as etapas através das quais são necessárias para chegar lá.

Há anos, trabalhei com um indivíduo chamado Stuart Austin Wier, de Dallas. Ele colaborava numa revista que eu publicava e mal ganhava o suficiente para sobreviver. Com toda probabilidade, teria continuado a ser um escritor sem dinheiro algum, se uma história que estava escrevendo sobre um inventor não tivesse, de repente, o inspirado a mudar de vida.

Para a grande surpresa de seus conhecidos, anunciou que ia desistir do jornalismo e voltar à faculdade para tornar-se advogado especializado em patentes. Mas não ia ser um advogado qualquer, ia ser "o advogado especializado em patentes mais competente dos Estados Unidos". Pôs o plano em ação com tal fervor que completou o curso de direito em tempo recorde.

Ao abrir escritório, procurou deliberadamente os casos mais difíceis. Em pouco tempo, sua reputação espalhou-se por todo o país e seus serviços tornaram-se tão procurados que embora seus honorários atingissem níveis estratosféricos, ele recusava mais clientes do que aceitava.

O indivíduo que age com uma finalidade, e com um plano, atrai oportunidades. Como é que a vida pode lhe dar alguma coisa, se você mesmo não sabe o que quer? De que maneira podem outros ajudá-lo se você ainda não decidiu chegar lá? Só tendo uma finalidade clara é que você conseguirá superar as derrotas e adversidades que encontrará pelo caminho.

Um dos primeiros e mais bem-sucedidos franqueadores nos Estados Unidos foi Lee Maranz, um homem que sabia o que queria, e como consegui-lo. Engenheiro mecânico, Maranz inventou um congelador automático que produzia sorvete cremoso. Imaginou uma rede de sorveterias, de uma costa a outra, e traçou um plano para transformar o sonho em realidade.

Ele, como tantos outros desde então, construiu seu sucesso ajudando outras pessoas a também vencer na vida. Ajudou-as a abrir sorveterias, fornecendo-lhes planos de construção e decoração, o que, na época, era uma ideia revolucionária. Vendia as máquinas de sorvete a preço de custo e tirava seu lucro da venda da mistura usada para produzir o sorvete. O resultado?

Aquela rede de lojas que Maranz estava decidido a estender de um lado a outro do país foi um sucesso.

— Se você tem fé inabalável em si mesmo, no que está fazendo e no que quer fazer, nenhuma adversidade é grande demais para ser superada —, disse ele.

Se quer sucesso na vida, faça de hoje o dia em que deixará de fluir com a maré. Decida-se sobre um objetivo claro. Ponha-o no papel. Grave-o na memória. Resolva exatamente como planeja alcançá-lo. Em seguida, comece a pôr o plano em ação, imediatamente.

Seu futuro é o que você faz dele. Decida, agora, o que vai ser.

Aprenda a viver sua própria vida

Você nunca terá paz de espírito se deixar que outra pessoa viva sua vida por você.

O fato mais marcante a respeito da humanidade é o seguinte: *o Criador nos deu direitos completos, incontestáveis, sobre uma única coisa em comum — nossa própria mente.* Deve ter sido objetivo do Criador estimular-nos a viver nossas próprias vidas, pensar nossos próprios pensamentos, sem interferência de ninguém. De outra maneira, não nos teria sido dado esse tão evidente domínio sobre a mente.

Basta exercer esse grande direito sobre sua mente e vida para que você possa elevar-se a grandes alturas de realização pessoal em qualquer campo de atividade que escolher. O exercício desta prerrogativa é a única maneira de compreender o gênio. O gênio é simplesmente o indivíduo que assume posse completa de sua mente e dirige-a para objetivos que ele mesmo escolhe, sem permitir que influências externas o desestimulem ou desencaminhem.

Todos nós conhecemos histórias de indivíduos famosos que transformaram adversidade em vantagem, que venceram grandes obstáculos, para se tornarem ricos e famosos. Eles foram os indivíduos bem-sucedidos que transformaram em degraus as pedras no caminho. Tornaram-se os gênios da indústria, os Henry Fords, os Thomas Edisons, os Andrew Carnegies, os Wilbur e Orville Wrights.

Mas há um número muito maior de mortais que se recusam a aceitar a derrota. Eles simplesmente se negam a ser mais um membro da vasta maioria que faz pouco mais do que sobreviver a duras penas e colhe principalmente sofrimento, decepções e fracassos.

Há muitos anos, um jovem veterano do exército procurou--me, buscando um emprego. Disse-me que estava desiludido e desanimado; tudo o que queria era um vale-refeição, um lugar para dormir e o suficiente para comer.

A expressão nos olhos do rapaz — uma espécie de olhar vidrado — não deixava dúvida: ele pensava que a esperança já morrera. Ali estava um jovem perfeitamente capaz desejando estabelecer-se por praticamente nada, enquanto eu sabia, com toda a certeza, que se ele mudasse de atitude poderia fazer fortuna.

Mas nele havia alguma coisa, uma fagulha quase mortiça, que me levou a perguntar: — Que tal você se tornar multimilionário? Por que contentar-se com uma existência humilde, quando poderia, com igual facilidade, ganhar milhões?

— Não brinque comigo — respondeu ele. — Estou com fome e preciso de um emprego.

— Não estou brincando—expliquei. — Estou falando com toda sinceridade. Você pode ganhar milhões, se apenas estiver disposto a usar os ativos que tem agora.

— O que é que o senhor quer dizer com *ativos*? — exclamou. — Eu não tenho nada, apenas a roupa do corpo.

Aos poucos, durante nossa conversa, descobri que o rapaz havia sido vendedor de uma loja de cuidados pessoais, antes de ser chamado para o serviço militar. Durante o tempo de exército, fizera muito trabalho de manutenção de fazenda e aprendera a cozinhar bem. Em outras palavras, além dos atributos naturais de corpo sadio e mente potencialmente positiva, seus ativos totais consistiam do fato de que sabia como cozinhar e como vender.

No geral, obviamente, nem vender nem cozinhar são o suficiente para lançar uma pessoa na classe dos multimilionários. Este veterano, no entanto, fugiu à regra. Foi apresentado à sua própria mente e às possibilidades existentes, quando dela assumisse o controle.

Nas duas horas que passei com esse rapaz, observei-o mudar, de um indivíduo à deriva em um mar de desespero para um pensador de possibilidades. Conseguiu essa mudança baseando-se na força de uma única ideia: "Por que não usar a habilidade de vendedor para convencer donas de casa a convidar os vizinhos para um jantar caseiro e, em seguida, vender-lhes os utensílios de cozinha?"

Emprestei-lhe dinheiro suficiente para comprar algumas roupas novas e o primeiro conjunto de panelas, e depois soltei-o na vida. Na primeira semana, ele ganhou quase cem dólares vendendo panelas de alumínio. Na semana seguinte, duplicou os ganhos. Em seguida, começou a treinar outros vendedores, seus empregados, que vendiam os mesmos utensílios.

Ao fim de quatro anos, ele ganhava mais de um milhão de dólares anuais e pusera em ação um novo plano de vendas que, desde então, transformou-se em uma indústria por méritos próprios. Quando os laços que atam a mente humana são rompidos e o homem é apresentado a si mesmo — o ser real sem limitações —, acho que os portões do inferno tremem de medo e os sinos do céu tocam de alegria!

SEMANA 3

Motive-se para alcançar o sucesso

A maior recompensa trazida pelo sucesso é a satisfação do indivíduo consigo mesmo. Embora frequentemente pensemos que a acumulação de riqueza é a única medida de sucesso, na verdade ela é apenas *uma* das medidas. Importante, certo, mas o sucesso autêntico caracteriza-se pela satisfação de saber que realizamos um trabalho, e que o fizemos bem — que atingimos a meta que nos fixamos.

Einstein, por exemplo, nunca teve grande riqueza em vida. Mas poderia alguém dizer que não teve sucesso? Ele chegou ao topo de sua profissão e mudou o mundo, porque sabia o que queria fazer e tinha um plano para atingir seu objetivo.

De que maneira pode você motivar-se para ter sucesso? A resposta consiste em seguir o mesmo método adotado por Einstein e outros homens imensamente bem-sucedidos. Desenvolva um desejo ardente por alguma coisa que queira ter, a fim de atingir o objetivo maior que estabeleceu para você mesmo. Lembre-se, há uma diferença entre meramente desejar alguma coisa e resolver, definitivamente, que vai tê-la.

Desde que tenha esse desejo ardente, você desenvolverá uma forte intenção, que lhe permitirá remover os obstáculos que antes pareciam intransponíveis. *Todas as coisas são possíveis para as pessoas que acreditam que elas são possíveis.*

Estabeleça para si mesmo um objetivo claro na vida. Ponha-o no papel. Grave-o na memória. Dirija todos os seus pensamentos e todas as suas energias para transformá-lo em realidade. Em vez de permitir que reveses temporários o afastem do curso, procure neles a semente de um benefício equivalente que possa ajudá-lo a voltar à trilha, até atingir seu objetivo.

Quando Henry Ford começou a trabalhar na sua primeira "carroça sem cavalos", pessoas de menor visão — muitas delas parentes e vizinhos — riram dele. Alguns passaram a chamá-lo de "inventor louco".

Louco ou não, Ford sabia o que queria — e sentia um desejo ardente de conseguir o que queria. Recusou-se também a reconhecer quaisquer limitações. Carecendo de educação formal ou preparo como mecânico, ele simplesmente se tornou autodidata. Obstáculo algum resiste no caminho da pessoa decidida a atingir uma meta na vida.

Ford mudou os Estados Unidos. Seus automóveis produzidos em massa puseram o transporte barato ao alcance da família média e cruzaram o país de cima a baixo. Indústrias inteiras cresceram em volta do automóvel: sem o "Fordeco", não teria havido necessidade de uma malha rodoviária (e dos empregos gerados por sua construção), postos de serviço, lanchonetes à beira de estrada e motéis.

Outro exemplo perfeito neste particular é o de John Wanamaker, que começou a vida como caixeiro em uma loja de varejo na Filadélfia. Desde o início, ele decidiu que um dia teria uma loja como aquela. Quando disse isso a seu supervisor, o homem riu e respondeu:

— Ora, John, você não tem dinheiro suficiente nem para comprar outra muda de roupa, não é?

— De fato — respondeu Wanamaker. — Mas quero ter uma loja igual a esta, ou até mesmo melhor. E vou tê-la.

No auge do sucesso, Wanamaker possuía uma das maiores lojas que os Estados Unidos jamais conheceram.

— Eu tive muito pouca educação formal —, disse Wanamaker anos depois. — Mas adquiri a educação de que precisava da mesma maneira que uma locomotiva a vapor recebe água: pegava-a ao longo da estrada.

Lembre-se do seguinte: *O que quer que a mente do homem possa conceber e acreditar, ela pode realizar.* O indivíduo resolvido a ter sucesso parte de onde quer que esteja, tirando o melhor proveito dos instrumentos que tem e adquirindo o que mais precisar ao longo do caminho. Comece de onde quer que você esteja — hoje.

Alguns alcançam o sucesso, outros fracassam... Por quê?

Essa pergunta tem deixado muita gente confusa desde que os seres humanos tornaram-se insatisfeitos com as cavernas em que viviam e tentaram descobrir alguma maneira de tornar a vida mais confortável. Talvez as comparações seguintes entre as características do indivíduo fracassado e do bem-sucedido ajudem a responder à pergunta.

O bem-sucedido sabe exatamente o que deseja, tem um plano para conseguir o que quer, acredita em sua capacidade de consegui-lo e dedica grande parte de seu tempo a esse fim. O fracassado não tem objetivo claro na vida, acredita que todo sucesso é resultado de "sorte" e só faz alguma coisa quando forçado.

O bem-sucedido é uma espécie de vendedor experiente que aprendeu a arte de influenciar pessoas e levá-las a cooperar, de maneira cordial, para executar seus planos e objetivos. O fracassado critica as pessoas e chega a interromper o que está fazendo para fazê-lo.

O bem-sucedido pensa antes de falar. Pesa com cuidado as palavras. E enfatiza aquilo de que gosta nas pessoas, minimizando o que não gosta ou sequer o mencionando. O fracassado faz exatamente o contrário. Fala primeiro, pensa depois. Suas palavras só servem para provocar arrependimento e constrangimento, e põe a perder benefícios irrecuperáveis por causa do ressentimento que causam.

O bem-sucedido só expressa opiniões depois de ter-se informado, de modo a poder falar com perspicácia. O fracassado manifesta opiniões sobre assuntos que pouco conhece ou desconhece inteiramente.

O bem-sucedido prepara um orçamento levando em conta seu tempo, sua renda e suas despesas. Vive dentro de seus meios. O fracassado desperdiça tempo e renda com uma desdenhosa indiferença pelo valor de ambos.

O bem-sucedido sente profundo interesse pelos outros, especialmente por aqueles com quem tem alguma coisa em comum, e cultiva com eles laços de amizade. O fracassado cultiva apenas aqueles de quem espera alguma coisa.

O bem-sucedido tem mente aberta e é tolerante em todos os assuntos e com todas as pessoas. O fracassado tem mente fechada, saturada de intolerância, que o impede de reconhecer as oportunidades favoráveis e o priva da cooperação amigável dos demais.

O bem-sucedido mantém-se atualizado e considera uma responsabilidade importante saber o que está acontecendo, não apenas em seu ramo de negócios, profissão ou comunidade, mas em todo o mundo. O fracassado interessa-se apenas por suas necessidades imediatas, procurando satisfazê-las por todos os meios disponíveis — honestos ou desonestos.

O bem-sucedido, em todas as ocasiões, mantém positivas a mente e as opiniões. Reconhece que o espaço que ocupa no mundo e o sucesso que desfruta dependem da qualidade e quantidade do serviço que presta. Desenvolve o hábito de prestar mais serviço do que promete. O fracassado procura conseguir "alguma coisa por nada" ou, por meios escusos, alguma coisa que não merece. E quando não consegue obtê-la, acusa os outros de ganância.

O bem-sucedido sente respeito por seu Criador e manifesta com frequência essa convicção através de orações e de atos de ajuda ao próximo. O fracassado em nada acredita, senão em seu desejo de comida e abrigo, e procura consegui-los à custa dos outros, quando e como pode.

Após por na balança, é visível que há uma grande diferença entre as palavras e atos dos bem-sucedidos e os dos fracassados. Mas todos são o que são e estão onde estão por causa de sua atitude mental em relação a si mesmos e aos demais.

SEMANA 5

A força cresce com a luta

A luta é um meio inteligente através do qual a Natureza obriga a humanidade a desenvolver-se, expandir-se e progredir. E uma experiência que pode ser penosa ou magnífica, dependendo da atitude de cada um. O sucesso é impossível — impensável, mesmo — sem luta.

A vida, do nascimento à morte, é literalmente uma cadeia ininterrupta de lutas cada vez maiores, inevitáveis. A educação que recebemos nas lutas que travamos é cumulativa — e a recebemos um pouco de cada vez, com cada experiência por qual passamos.

"Faça", disse Emerson, "e terá poder."

Aceite a luta e vença-a, diz a Natureza, e terá força e sabedoria suficientes para todas as suas necessidades.

As árvores mais fortes da floresta não são as mais protegidas; são as que têm que lutar contra os elementos e contra outras árvores — e vencê-las — para sobreviver.

Meu avô era fabricante de carroças. Ao desmatar a terra para o plantio, sempre deixava em pé alguns carvalhos nos campos abertos, onde ficavam expostos a toda a força do sol inclemente e das rajadas de vento.

As árvores que enfrentavam a Natureza eram muito mais fortes e resistentes do que os carvalhos protegidos das profundezas da floresta. E era a madeira das árvores que haviam lutado que ele usava para fabricar as rodas das carroças, dobrando-as em segmentos em forma de arco, sem medo de que quebrassem. Porque haviam lutado, haviam se tornado suficientemente fortes para suportar as cargas mais pesadas.

A luta, da mesma maneira, enrijece o espírito humano. A maioria das pessoas tenta passar pela vida seguindo o caminho da menor resistência. Não consegue reconhecer que essa filosofia é o que desvia o curso dos rios — e, às vezes, faz a mesma coisa com seres humanos. Sem a força de caráter que nasce da luta, seria grande a tentação para fluir através da vida sem muita finalidade ou planejamento.

Logo que compreendemos a grande finalidade da vida, tornamo-nos reconciliados com as circunstâncias que nos obrigam a lutar. Como resultado, aceitamos a luta pelo que ela é — uma *oportunidade.*

A luta nos obriga a andar quando preferíamos ficar parados. Acaba nos levando à plena compreensão de que o sucesso só ocorre com luta. Nada de valor na vida jamais é conseguido sem ela. Se fosse fácil, todo mundo conseguiria tudo. Sempre que encontramos uma pessoa bem-sucedida, encontramos também alguém que lutou. A vida é uma luta, e os prêmios cabem aos que enfrentam de peito aberto a dificuldade, vencem-na, e passam ao desafio seguinte.

Meu primeiro supervisor, quando terminei o curso de administração de empresas, foi o general Rufus A. Ayers, que tinha uma clientela de advocacia tão vasta que eu muitas vezes era obrigado a ajudá-lo à noite e durante os fins de semana.

Ao fim de cada uma dessas sessões, ele sempre se desculpava por me fazer trabalhar tantas horas. Mas acrescentava: "Você me deu uma grande ajuda — mas deu uma maior a você mesmo, através da experiência que obteve esta noite."

E nunca esquecerei a resposta que recebi, quando perguntei a um dos principais assessores de Henry Ford qual a fórmula de seu sucesso:

— Eu consigo me introduzir no caminho de homens como o Sr. Ford — disse ele —, e tenho esperança de que, quando eles quiserem que alguma coisa seja feita, lembrem-se de mim.

Correndo para a luta, em vez de fugir dela, você também pode usá-la para ajudá-lo a aprender, a crescer — e a ter sucesso.

SEMANA 6

Sinceridade

Para ter sucesso, você precisa de um objetivo *claro* na vida. Suas probabilidades de alcançar essa meta serão infinitamente maiores se sentir o desejo sincero de fornecer aos demais um produto ou serviço melhores. A palavra importante na frase é *sincero*.

Sinceridade é um traço de caráter que rende dividendos em autossatisfação, autorrespeito e capacidade espiritual de viver consigo mesmo durante as vinte e quatro horas do dia. Conduzimo-nos dessa maneira para merecer o mais completo respeito daquele invisível "outro ser" que poderá nos guiar para a glória, a fama e a riqueza — ou nos condenar ao sofrimento e ao fracasso.

Um amigo de Abraham Lincoln contou-lhe certa vez que seus inimigos diziam horrores dele pelas costas.

— Não me importo com o que eles dizem — respondeu Lincoln —, enquanto não estiverem dizendo a verdade.

A sinceridade da intenção tornava Lincoln imune ao medo da crítica.

Sinceridade é uma questão de motivo. É, por conseguinte, algo que os demais têm o direito de questionar, antes de lhe concederem seu tempo, energia, ou recursos. Antes de iniciar um curso de ação, submeta, você mesmo, a um teste de sinceridade. Faça a si mesmo as perguntas seguintes: "Reconheço que estou buscando ganho pessoal no que vou fazer? Mas irei oferecer serviço ou produtos valiosos pelo lucro ou salários que espero ganhar? Ou será que estou com esperança de conseguir alguma coisa a troco de nada?" Sinceridade é uma das qualidades mais difíceis de provar aos demais. Mas você tem que estar preparado — e ansioso — para dar essa prova.

Martha Berry fundou uma escola para os jovens das montanhas de uma região pobre do norte da Geórgia, cujos pais não lhes podiam custear a educação. No início, foi difícil manter a escola financeiramente rentável, e sua fundadora vivia precisando de dinheiro para dar continuidade ao trabalho. Finalmente, conseguiu marcar um encontro com Henry Ford. Explicou o que estava fazendo e pediu a Ford um modesto donativo. Ele negou.

— Bem, neste caso — disse a Srta. Berry —, o senhor poderia nos dar um saco de amendoim?

A originalidade do pedido divertiu tanto Ford que ele deu o dinheiro para comprar o amendoim. A Srta. Berry ajudou os alunos a plantar e replantar o amendoim, até juntar uma soma considerável que, em seguida, levou a Ford, para lhe mostrar como multiplicara o pequeno donativo que ele fizera. Ford ficou tão impressionado que doou tratores e equipamento agrícola em número suficiente para dar à fazenda-escola meios para se autossustentar. Ao longo dos anos, ele contribuiu com mais de um milhão de dólares para construir os belos prédios de pedra que existem atualmente no *campus* da escola.

— Não pude deixar de ficar impressionado — disse ele — com a sinceridade dela e a maneira maravilhosa como aplicou o donativo para ajudar crianças necessitadas.

— A fé no que fazia era tão forte que Martha Berry, por seus atos, convenceu o cético Ford a fazer o que inicialmente recusara. Ela demonstrara, sem restar nenhuma dúvida, que estava empenhada em um trabalho tão nobre que nunca se deixaria abater pela adversidade.

Quando a estrada se torna acidentada — e isto sempre acontece em certas ocasiões — a sinceridade de seu propósito o sustentará durante os períodos difíceis. Se você sabe, no fundo do coração, que está dando valor autêntico em troca do dinheiro que ganha, essa convicção se faz evidente para aqueles com quem fizer negócio.

Você pode atingir suas metas na vida provando aos demais que sente um desejo sincero de ajudá-los. Se fizer isso, não precisará preocupar-se com o tempo das vacas magras. Terá mais clientes ou consumidores do que poderá dar conta.

SEMANA 7

Esperança

A esperança é a matéria-prima com que construímos o sucesso. Ela se cristaliza em fé, a fé em determinação, e a determinação em ação. Nasce principalmente na imaginação, nos sonhos por um mundo melhor, uma vida melhor, um amanhã melhor.

Na base da esperança, você se decide sobre uma clara meta na vida e a transforma em realidade. Há anos, o grande construtor de estradas de ferro James J. Hill era simplesmente um telegrafista, diante de sua máquina, enviando a mensagem de uma mulher a uma amiga cujo marido falecera. E foi inspirado pelo que dizia a mensagem: "Sua dor pode ser aliviada pela esperança de reencontrar seu marido em um mundo melhor."

A palavra *esperança* gravou-se na mente de Hill. Começou a pensar nos poderes e possibilidades da esperança. Este fato levou-o a sonhar em, algum dia, construir uma nova estrada de ferro para o Oeste. O sonho transformou-se em uma clara determinação, que ele levou a cabo. O sonho do telegrafista, construído sobre as possibilidades inerentes a uma única palavra, desenvolveu-se e tornou-se o sistema Great Northern Railway.

Ao longo do caminho, Hill tornou multimilionários muitos outros homens, porque reconheceu que o sucesso de sua estrada estava ligado à fortuna de seus clientes. Convenceu agricultores, lavradores, mineiros e madeireiros a se mudarem para o Oeste e a transportar seus bens pela Great Northern Railway. Hill construiu um império que, no fim, estendia-se do Canadá ao Missouri, e dos Grandes Lagos até o Puget Sound. E expandiu-se mesmo até o Oriente, com uma linha própria de navegação.

Manuel L. Quezon ousou sonhar e alimentar a esperança de autogoverno para suas amadas Ilhas Filipinas. Ousou mesmo nutrir a esperança de que, algum dia, poderia ser presidente de uma república filipina livre. A esperança transformou-se em fé profunda, que ele pôs em ação ao fazer campanha para ser nomeado comissário residente nas ilhas.

Durante vinte e quatro anos, trabalhou incansavelmente para o dia em que o território se tornaria um país independente. Sei disso porque ele foi um bom amigo meu e me pediu frequentemente conselhos sobre maneiras de atingir seus objetivos políticos. No dia em que foi eleito presidente da nova república filipina, Quezon me enviou o seguinte telegrama; "Quero lhe agradecer, do fundo do coração, por ter-me inspirado a manter queimando no coração os fogos da esperança até este glorioso dia de triunfo."

A lição existente na história de Quezon é que você precisa dar asas à imaginação, a fim de criar esperança. Ouse sonhar sonhos ambiciosos. Sature-se da fé de que nada é impossível. Ou, como disse Thoreau: "Se construiu castelos no ar, seu trabalho não precisa, necessariamente, estar perdido. É aí que eles devem estar. Agora, ponha alicerces sob eles."

A partir da esperança e da fé, escolha um objetivo claro. Ponha-o no papel. Grave-o na memória. Transforme-o em uma estrela fixa, que o oriente em sua jornada para o sucesso.

Em seguida, trabalhe para tornar realidade o objetivo. Quando temos o olho firme na estrela guia, é muito mais fácil traçar o curso para a meta. E você pode facilmente decidir que ações o levarão lá mais rapidamente e o que lhe retardará a jornada. Sem os olhos na estrela, você talvez dê muitas voltas falsas, antes de chegar finalmente a seu destino.

Jamais esqueça que todos os sonhos começam com esperança. Todas as histórias de sucesso com desenlace feliz começaram com as palavras: "Era uma vez um homem (ou uma mulher) que sonhava em algum dia..." A sua tem que começar da mesma maneira.

SEMANA 8

Paciência

Os americanos vivem afoitos. Estrangeiros consideram esse fato como nossa característica mais notável. E têm razão. É um traço nacional que tem origem na energia inquiridora, irresistível, que constitui nossa maior fonte de força.

Mas essa mesma energia — essa força propulsora que exige ação imediata — pode ser igualmente motivo de fraqueza, pois nos tornou também o povo mais impaciente do mundo. Em tempos de guerra, muitos de nossos soldados se meteram em grandes perigos por causa dessa impaciência tipicamente americana. Frequentemente, expuseram-se sem necessidade ao fogo inimigo, em vez de tentar vencer em astúcia os ardis.

Nos negócios, o resultado pode ser o mesmo. Queremos o contrato assinado e o negócio fechado, e o queremos agora. Muitas vezes, deixamos de dedicar tempo suficiente a um projeto por causa de nossa tendência para a ação. Devido à nossa impaciência e pressa em "acabar logo com isso", podemos dar de mão beijada vantagens importantes a outros que estão dispostos a esperar um pouco mais antes de agir. "Aquele que consegue ter paciência", disse Benjamin Franklin, "consegue o que quer".

A paciência exige um tipo próprio e peculiar de coragem. É um tipo persistente de abstenção e fortaleza de ânimo que tem por origem a dedicação completa a um ideal ou meta.

A paciência, como disse Browning, é a coragem de mudar as coisas que podemos, a disposição de aceitar as que não podemos e a sabedoria de identificar qual a diferença entre elas. Por isso mesmo, quanto mais forte sua fé na ideia de atingir seu principal objetivo na vida, mais paciência terá para superar obstáculos.

A paciência a que me refiro é dinâmica, e não estática; ativa, e não passiva. É uma força positiva para lhe dirigir o destino, e nunca a submissão humilde às circunstâncias ou condições em que se encontra. E tem por origem o mesmo tipo de imensa energia que nós, americanos, possuímos com tal abundância. Não obstante, é rigorosamente controlada e estritamente canalizada, com uma fixação quase fanática em uma única meta.

Saber para onde vamos na vida aumenta nossa capacidade de tolerar os pequenos aborrecimentos que se interpõem entre nós e a meta. Sabemos que vamos chegar lá e que essas demoras são meramente temporárias. Se as reconhecermos pelo que são e as encararmos positivamente, descobriremos que, logo que nos dispusermos a enfrentá-las, elas se dissolverão. Desaparecerão muito antes de desaparecer nossa determinação.

Constance Bannister considerava a impaciência seu maior defeito. Ainda assim, escolheu deliberadamente uma profissão em que a paciência é o maior requisito — fotografar bebês —, e tornou-se uma das artistas mais bem-sucedidas nesse campo.

— Com um bebê, para conseguir a expressão que queremos, temos que repetir várias vezes, explicar quantas vezes forem necessárias, em uma voz tranquilizadora e monótona — conta ela. — Gosto de fotografar bebês porque isso *me* auxilia muito. Desenvolve meu senso de humor e me ajuda a ser criativa em outros campos.

De que modo podemos desenvolver paciência? É fácil: basta que tenhamos fixado nosso claro objetivo na vida e nele nos concentrado com toda vontade, até que sejamos tomados por um desejo ardente de realizá-lo — e que todos os nossos pensamentos, atos e orações sejam orientados para esse fim.

Foi exatamente esse tipo de ideia fixa que deu a Edison a paciência necessária para inventar a lâmpada elétrica, a Salk para criar a vacina contra a pólio, a Hillary para escalar o monte Everest, e a Helen Keller para triunfar sobre deficiências físicas aparentemente insuperáveis.

O mesmo tipo de concentração em sua grande meta lhe dará a paciência de que precisará para atingi-la.

SEMANA 9

Flexibilidade

Todos nós gostamos que gostem de nós. Queremos a aprovação e a amizade dos demais. Mais do que isso, sabemos que, a menos que possamos conquistar a cooperação sincera e amiga de nossos colegas, será difícil termos sucesso na vida. O traço principal da personalidade agradável é a flexibilidade.

Flexibilidade significa capacidade de dobrar-se mental e fisicamente, adaptarmo-nos a quaisquer circunstâncias ou ambientes, mantendo, ao mesmo tempo, autocontrole e compostura.

Flexibilidade, porém, não denota desfibramento moral. Você não precisa sujeitar-se a caprichos e vontades dos outros para ter uma mentalidade flexível. Poucos apreciam o indivíduo que só sabe dizer "sim, senhor", o tempo todo.

Podemos, talvez, descrever a flexibilidade como a capacidade de analisar e avaliar rapidamente uma dada situação e reagir a ela na base da lógica e da razão, com o mínimo de emoção. Desenvolvendo flexibilidade, ficamos em condições de agir prontamente para aproveitar oportunidades ou solucionar problemas. Ela pode nos ajudar a nos tornar determinados.

A flexibilidade ajudou Arthur Nash, um industrial de Cincinnati que vendia roupas pelo correio, a ajustar-se sem demora quando sua empresa foi à falência. Convidou os empregados para serem seus sócios, na base de participação nos lucros e salário, e reconstruiu a empresa, transformando-a em uma das mais lucrativas de seu ramo.

Às vezes, porém, é a flexibilidade dos outros que nos ajuda. Henry Ford, por exemplo, tendia a ser brusco e de pavio curto no trato com empregados e colegas de trabalho. Frequentemente, a diplomacia flexível da mulher, Clara, influenciava-o para que fosse tolerante e o salvou de muitas dificuldades.

O presidente do Bank of America de San Francisco disse certa vez:

— Quando contratamos empregados e empregadas, nós os classificamos de acordo com quatro características: lealdade, confiabilidade, flexibilidade e capacidade de fazer bem um dado trabalho.

O senso de humor é também um ingrediente importante da flexibilidade. Abraham Lincoln tinha muitas vezes que confiar em seu inerente bom humor para manter o espírito de equipe entre seus temperamentais ministros durante momentos de crise.

A humildade — mas não a do tipo "capacho" — é também necessária. De que outra maneira poderemos atingir aquele alto grau de flexibilidade necessário para dizer as palavras "Eu me enganei", como todos terão que dizer algum dia?

A falta dessa flexibilidade custou ao presidente Woodrow Wilson a aprovação pelo Senado de seu acalentado projeto sobre a Liga das Nações — e lhe partiu o coração. Se tivesse dominado o orgulho e convidado o senador Lodge — o principal adversário da Liga — à Casa Branca para uma conversa, ele poderia, quem sabe, ter conseguido a aprovação do Senado.

Flexibilidade

A flexibilidade é um traço que alivia a pobreza e adorna a riqueza, pois nos ajuda a ser gratos pelo que temos e recusarmo-nos a ser abatidos pelos infortúnios. E pode ajudar-nos também a usar com proveito todas as nossas experiências de vida, tanto as agradáveis quanto as desagradáveis.

Entusiasmo

Ralph Waldo Emerson escreveu certa vez: "Nada de importante é conquistado sem entusiasmo."

No Grande Tabernáculo Mórmon de Salt Lake City, um orador convidado deveria falar, de acordo com o programa, durante quarenta e cinco minutos. Falou por mais de duas horas. Quando terminou, dez mil pessoas aplaudiram-no de pé durante cinco minutos.

O que foi que disse o orador para despertar esse tipo de reação? O que disse não foi nem de longe tão importante quanto a maneira como disse. A multidão foi arrebatada pelo entusiasmo do orador, e, com toda probabilidade, não se lembrava de muitos dos detalhes do que ele dissera.

Louis Victor Eytinge cumpria prisão perpétua na penitenciária estadual do Arizona. Não tinha amigos, nem advogado, nem dinheiro. Mas tinha, de fato, entusiasmo, que usou com tanta eficácia que, no fim, trouxe-lhe a liberdade.

Eytinge escreveu à Remington Typewriter Company contando suas tribulações e pedindo à companhia que lhe vendesse a crédito uma máquina de escrever. A companhia fez melhor do que isso. Deu-lhe uma máquina.

Ele começou escrevendo a empresas, solicitando-lhes seus prospectos de vendas — que ele então reescreveu e devolveu. A revisão de texto foi tão boa que, em pouco tempo, tinha dinheiro suficiente, proveniente de donativos, para contratar um advogado. Na verdade, o trabalho que fazia era tão competente que chamou a atenção de uma grande agência de publicidade de Nova York, a qual, com ajuda do advogado, conseguiu-lhe o perdão. Ao sair pelos portões da penitenciária, foi recebido pelo presidente da agência, que o saudou com as seguintes palavras:

— Bem, Eytinge, seu entusiasmo se provou mais forte do que as barras de ferro desta prisão.

A agência tinha um emprego para ele.

A repetição constante não faz perder o brilho o velho ditado que diz que "nada é tão contagioso quanto o entusiasmo". O entusiasmo é a onda de rádio através da qual você transmite aos demais sua personalidade. É mais poderoso do que a lógica, a razão ou a retórica para conseguir que suas ideias sejam aceitas e em conquistar pessoas para seus pontos de vista.

Um diretor de vendas altamente bem-sucedido diz que o entusiasmo é o traço isolado mais importante do bom vendedor — contanto que seja sincero e evidente.

— Quando apertar a mão de alguém, o faça com vontade, de forma que faça a outra pessoa pensar que você está realmente feliz em vê-la — diz ele.

Uma palavra de cautela: nada é tão falso quanto o falso entusiasmo — a exibição excessivamente enérgica, esmagadora, que todos podem reconhecer e da qual todos desconfiam.

Um exemplo de como o entusiasmo pode levar alguém ao sucesso é dado pela carreira e vida de Jennings Randolph. Depois de formar-se no Salem College, na Virgínia Ocidental, Randolph entrou na política e fez uma campanha tão convincente que foi eleito com grande vantagem, vencendo um adversário mais velho e mais experiente. Devido ao seu sucesso em influenciar colegas na Câmara, o presidente Franklin Delano Roosevelt convidou-o para comandar a legislação especial de tempos de guerra na Câmara dos Deputados.

Em um concurso privado de popularidade, realizado por um grupo de professores de Washington, Roosevelt e Randolph foram votados unanimemente como as personalidades mais fascinantes do governo na época — embora Randolph chegasse à frente do presidente neste particular, graças à capacidade de influenciar pessoas com seu entusiasmo sem limites. Após quatorze anos no Congresso, Randolph resolveu aceitar um dos muitos convites que lhe eram feitos pela indústria privada.

Tomou-se assistente do presidente da Capital Airlines, na época em que a companhia operava no vermelho. Dentro de dois anos, graças a sua energia sem igual, ele ajudara a companhia aérea a superar todas as outras companhias aéreas em rentabilidade.

Falando sobre a personalidade encantadora de Randolph, disse o presidente da Capital Airlines:

— Ele mais do que merece o salário que ganha, não só pelo trabalho real que faz, mas, sobretudo, pelo entusiasmo que inspira em todos os demais membros da empresa.

Ninguém nasce entusiasmado. Trata-se de uma qualidade adquirida. E podemos adquiri-la, também. Lembremo-nos que, em praticamente todos os contatos com outras pessoas, nós tentamos, em certo sentido, vender-lhes alguma coisa. Isso é verdade em todos os relacionamentos, menos nos mais banais.

Em primeiro lugar, convença-se do valor de sua ideia, de seu produto, de seu serviço — ou de si mesmo. Examine-os criticamente — e a você também. Descubra os defeitos em tudo que esteja tentando vender e corrija-os de imediato. Convença-se inteiramente *da perfeição* de seu produto ou ideia.

Armado com essa convicção, cultive o hábito de pensar positiva, vigorosa e energicamente, e descobrirá o entusiasmo desenvolvendo-se em si e por si mesmo — com o som convincente da sinceridade autêntica ajudando-o a projetá-lo para os demais.

SEMANA 11

Utilize seu magnetismo pessoal

Se é igual à maioria das pessoas, você conheceu indivíduos para os quais se sentiu irresistivelmente atraído desde o primeiro momento — pessoas que aceitou imediatamente como amigas e em quem confiou muito mais do que acontece nos casos de encontros casuais típicos. Todos nós temos até certo ponto esse magnetismo pessoal, alguns mais do que outros.

Magnetismo pessoal parece ser uma herança biológica que determina o volume de sentimentos de caráter emocional — tais como entusiasmo, amor e alegria — que somos capazes de gerar e aplicar em nossas palavras e atos. Não podemos aumentar a qualidade ou quantidade dessa herança, mas podemos organizá-la e dirigi-la para nos ajudar a atingir qualquer objetivo. E aqueles entre nós que aprendem a fazer isso tornam-se, com frequência, os líderes, os construtores, os realizadores e pioneiros que contribuem para o progresso da civilização.

Mas embora tudo isso frequentemente aconteça, nem sempre é a regra. Acontece muitas vezes que pessoas sem méritos possuem esse grande poder de influenciar pessoas. Por isso mesmo, é conveniente que apliquemos uma medida extra de cautela quando tratarmos com tais pessoas, até que tenhamos certeza de suas intenções e motivos. O importante, contudo, é que podemos pôr nosso magnetismo pessoal a trabalhar para nós e nos levar ao sucesso. Com essa qualidade, podemos obter a cooperação amiga de outras pessoas para atingir nossas metas principais.

O magnetismo pessoal revela-se principalmente através da voz, dos olhos e das mãos — os principais meios de que dispomos para nos comunicar. Mas a postura e a capacidade de escutar são também importantes neste particular. As palavras efetivamente usadas podem ser inteiramente banais, mas o tom de voz, a força e o entusiasmo com que são pronunciadas podem ser muito mais poderosos do que a lógica e retórica que contenham.

Por falar nisso, um indivíduo com um grau extremamente alto de magnetismo pessoal talvez nem precise falar para conquistar pessoas. Um exemplo notável nesse particular é o reverendo Billy Graham. Ele conquista almas para o Criador com um simples gesto, com um lampejo de seus olhos expressivos e uma frase melodiosamente enunciada. Franklin Roosevelt possuía o mesmo poder na arena política. Mas, tenho que observar, coisa igual acontecia com Hitler, Mussolini e muitos outros indivíduos nada elogiáveis, de que estão cheias as páginas da história. Cuidado com aqueles que procuram usar seu magnetismo pessoal para fins destrutivos.

Você pode pôr esse mesmo poder a seu serviço, se aprender a exsudar autoconfiança, força espiritual e autoridade. Faça um esforço consciente para enfrentar com mais franqueza o olhar dos demais, apertar-lhes a mão com firmeza e calor humano, falar em tons agradáveis e diretos, em volume e timbre apropriados para capturar o interesse de seus ouvintes.

Ligue seu magnetismo pessoal — e veja o que ele pode fazer por você!

SEMANA 12

Desenvolva confiança

Quando achou que havia descoberto a maneira de gravar e reproduzir numa máquina o som da voz humana, Thomas Edison chamou um fabricante de modelos, deu-lhe um esboço a lápis da ideia e lhe pediu que construísse um modelo operável.

O homem olhou para o desenho durante um segundo e exclamou: — Impossível! O senhor jamais vai fazer com que essa coisa funcione.

— Por que é que o senhor acha que não vai funcionar? — perguntou Edison.

— Porque ninguém jamais fabricou uma máquina que pudesse falar! — exclamou o tal homem.

Edison podia ter aceitado o veredito e desistido da máquina que fala. Sua mente, porém, não funcionava dessa maneira.

— Vá em frente e construa o modelo exatamente de acordo com o desenho — exigiu. — Eu serei o perdedor, se ela não funcionar.

O indivíduo que apoia suas ideias e planos com autoconfiança goza sempre de vantagem sobre os que desistem e se entregam ao primeiro sinal de derrota.

O modelo foi construído e, para grande surpresa do modelista, funcionou no primeiro teste.

O sucesso não ocorre à pessoa que subestima seu próprio valor, por falta de autoconfiança. Favorece, sim, o indivíduo que sabe o que quer, está determinado a conseguir o que quer, e se recusa a aceitar a palavra *impossível*.

Um dos diretores de venda de seguros mais bem-sucedidos dos Estados Unidos exige que todos os seus vendedores passem, todas as manhãs, cinco minutos diante de um espelho, antes de começar a trabalhar, dizendo a si mesmos: "Você é o maior vendedor vivo e vai provar isto hoje, amanhã, e todos os dias." E, por acordo prévio com o diretor de vendas, as mulheres desses vendedores despedem-se deles à porta com a seguinte mensagem: "Você é o maior vendedor vivo e vai provar isso hoje."

É significativo que esses vendedores estejam ultrapassando todos os demais em um campo — seguros — tido como vendável, mas que nunca é voluntariamente comprado.

O nível subconsciente da mente humana tem poderes ilimitados, que todos nós podemos explorar e dirigir para qualquer fim desejado. Mas o método para dirigi-lo é tão simples que a maioria das pessoas desconfia de sua praticabilidade. Em palavras simples, o subconsciente pode ser dirigido meramente conversando-se com ele e dando-lhe ordens, como se fosse uma pessoa invisível, pronta e possuidora do poder e da boa vontade de fazer tudo o que lhe é solicitado.

Mas o subconsciente tem uma característica muito peculiar. Acredita em tudo que ouve, e age nessa conformidade. Não apenas acredita e age de acordo com a palavra ouvida, mas, ainda mais espantoso, acredita nos pensamentos do indivíduo e age de acordo com eles — especialmente os pensamentos que são altamente carregados de emoção, como a fé ou o medo.

O subconsciente é ainda muito sensível à repetição de pensamentos e palavras. Esta característica é muito positiva para nós, porque é a maneira mais simples de fazê-lo trabalhar em nosso benefício para atingir qualquer fim desejado. E explica também por que a pessoa que permite que seus pensamentos remoam situações de pobreza, fracasso e má saúde, e todas as outras coisas que não quer, consegue exatamente essas coisas.

Todas as pessoas bem-sucedidas têm um sistema de condicionamento da mente com o qual alimentam o subconsciente com os objetivos e finalidades que escolhem, e fazem isso com tanta intensidade que ele não tem oportunidade de atrair qualquer outra coisa que não seja a desejada. A técnica do sistema não tem importância, enquanto transmitir ao subconsciente, por repetição, uma descrição clara do que é desejado.

Utilize seu subconsciente para desenvolver autoconfiança e treinará a mente para servi-lo em tudo que faz.

SEMANA 13

Desenvolva seu senso de humor

O senso de humor pode nivelar as ondulações da estrada do sucesso. Se você é uma dessas pessoas que foram abençoadas com um temperamento alegre, considere-se afortunado. Se não é, pode desenvolvê-lo.

É óbvio que um bom senso de humor o torna uma pessoa mais apreciada, mais atraente. O que já seria suficiente para ajudá-lo a conseguir sucesso. Mais do que isso, porém, pode ajudá-lo a superar fracassos momentâneos, elevar-se acima deles e buscar novos cursos de ação que o trarão de volta para a estrada do sucesso.

O fino senso de humor baseia-se principalmente em humildade. E foi esse tipo de bom humor constante que permitiu a MinnieLee Steen e a seus quatro filhos pequenos aguentar as severas provações dos desertos de Utah, enquanto o marido, Charles, procurava urânio.

Durante dois longos e difíceis anos, Charles e Minnie Lee Steen conservaram o senso de humor. Quanto às crianças, elas transformaram em brincadeira seus problemas — brincavam de "pioneiros", o que as divertia imensamente. Como resultado, os problemas nunca tiveram oportunidade de esmagar essa família tão perseverante.

No fim, Steen venceu. Descobriu urânio em uma concessão de terras públicas que reivindicara, produziu, em três anos, setenta milhões de dólares do minério que, no fim, veio a valer muito mais. Charles e Minnie Lee Steen subiram do buraco da pobreza para o topo do mundo.

O que os Steens e milhares de outros fizeram você pode fazer, também. Em primeiro lugar, aprenda a contar e separar com mais frequência seus ativos e tudo o que tem de bom dos problemas e dificuldades, e dê-lhes lugar de destaque em sua mente. Se achar isso difícil, faça um inventário de seus pontos fortes, ponha-os no papel e leia-os todas as vezes que começar a preocupar-se. Lembre-se: muito do que você possui são tesouros ocultos, coisas comuns do dia a dia ou qualidades a que não dá valor. Sua saúde, por exemplo, ou o amor, a admiração ou a fé que desperta na família.

Aprenda a considerar os problemas como degraus para o sucesso. Todos que solucionar o aproximarão mais da meta. Lembre-se de que todas as más situações poderiam ser piores — tal como o homem que amaldiçoava a sorte porque não tinha sapatos, até que conheceu um homem que não tinha pés. Jamais deixe passar um dia sem uma prece de agradecimento por aquilo que tem, por menos que seja. E, todos os dias, invista uma parte do seu tempo e energia em ajudar a outras pessoas.

Lembre-se, também, que nenhum problema é excepcional ou novo. Você pode sempre pedir conselho ou ajuda a outros que passaram pelas mesmas coisas. Você nunca está sozinho. Ao seu lado existe sempre um poder maior. Desenvolva a política de enfrentar os problemas com ousadia, coragem, capacidade de decisão. Ou, como disse Emerson: "Uma aventura nada mais é do que uma inconveniência corretamente considerada."

SEMANA 14

Domínio de cena

Veja o caso de Joe Dull. Joe é um cara trabalhador, esforçado, leal, merecedor de confiança, pontual, confiável e habilidoso. Dedica à sua companhia mais do que se espera em tempo, esforço e energia. Diante de tudo isso, seria de supor que Joe estaria fadado ao sucesso.

Mas não está. Joe não está indo a lugar nenhum. Enquanto isso, outros, muito menos merecedores, estão conseguindo promoções e aumentos de salário. O fato é que Joe carece de domínio de cena, ou de palco, se assim preferir. Ele, simplesmente, jamais atrai a atenção das pessoas certas.

Será que você é igual a ele? Se é, aprenda a dominar a cena e note como se torna muito mais fácil subir a escada do sucesso. Contudo, antes de dizer "É isso! Descobri o que faltava!", lembre-se da nota de cautela seguinte: há uma diferença clara entre o verdadeiro domínio de cena e maneiras menos honestas de atrair atenção. Bajulação, por exemplo, lhe atrairá mais inimigos do que amigos. O mesmo acontece com a arrogância. O verdadeiro domínio de cena é criativo. E tem, como sugere a expressão teatral, certo valor de entretenimento. Exige engenhosidade e bom senso de oportunidade.

O jeito de Bernard MacFadden nesse particular, por exemplo, às vezes chegava às raias da extravagância. Mas ele fez com que lhe rendesse milhões, ao saltar de paraquedas de aviões, usando cuecas vermelhas, e andando descalço pela Broadway, dando assim uma publicidade enorme às suas empresas.

Você não precisa ir a esses extremos. Às vezes, atenção especial às sutilezas da cortesia e da polidez pode atingir os mesmos fins.

Glenn R. Fouche, ex-presidente da Stayform Company, conta a história de um amigo que, graças ao emprego de domínio de cena, chegou à presidência de uma grande companhia de guindastes do Texas.

Vendedor jovem, quando vendeu seu primeiro guindaste escreveu ao diretor do departamento de entregas, agradecendo-lhe ter despachado com tanta rapidez a encomenda. Escreveu ao departamento de pintura, dizendo como ficara orgulhoso ao ver o acabamento vermelho vivo quando a peça fora tirada das caixas. Através dos anos, nunca se esqueceu de dizer a cada um de seus empregados como lhes julgava valiosos os serviços.

Ao manifestar apreciação pelo valor dos outros, tornou-se a figura mais apreciada da empresa!

Lembre-se de que domínio de cena autêntico tem que seguir um curso positivo. Jamais nega ou reduz o valor de outras pessoas. Ninguém pode subir para o sucesso em cima dos ombros de outrem. Além do mais, se é igual ao bom, velho e confiável Joe Dull, você talvez seja modesto, tímido ou retraído demais para apresentar pessoalmente suas ideias às pessoas certas.

Se este for o caso, envie memorandos. Pôr ideias no papel assegura que o crédito será dado a quem o merece.

Mas não espere. Comece a usar agora o domínio de cena como ferramenta para construir seu sucesso!

SEMANA 15

Escolha sua meta

Você não pensaria em iniciar uma longa viagem de automóvel sem saber para onde vai e sem munir-se de um mapa.

Mas apenas cerca de duas pessoas em cada cem sabem exatamente o que desejam na vida e traçam planos práticos para atingir seus objetivos. Estes são os indivíduos que lideram em todas as situações — os realmente bem-sucedidos, os que, literalmente, obrigam a vida a lhes pagar o que julgam que merecem.

A coisa mais estranha a respeito dessas pessoas é que elas não tiveram mais oportunidades do que outras que não chegaram a lugar nenhum.

Se souber exatamente o que quer e tiver fé absoluta em sua capacidade de consegui-lo, você terá sucesso. Se não tiver certeza sobre o que quer na vida, comece agora, neste exato minuto, e decida, de uma vez por todas, o que realmente quer, quanto quer e quando quer tê-lo em suas mãos.

Há uma fórmula exata em quatro pontos para realizar seus objetivos:

1. Redija uma precisa declaração do que mais quer — a única coisa ou circunstância que, depois que conseguisse, o tornariam, em sua opinião, bem-sucedido.

2. Ponha no papel um esboço bem definido do plano através do qual tenciona atingir esse objetivo e diga claramente o que pretende dar em troca.
3. Estabeleça um prazo-limite exato, dentro do qual pretende adquirir o objeto de sua exata finalidade.
4. Decore o que escreveu e repita-o muitas vezes durante o dia, como se fosse uma oração. Termine a oração dando graças por ter recebido o que o plano prevê.

Siga essas instruções com todo cuidado e talvez fique espantado com a rapidez com que toda a sua vida mudará para melhor. Esta fórmula o fará entrar em aliança com um parceiro invisível, que removerá todos os obstáculos de seu caminho e lhe atrairá oportunidades favoráveis, com as quais sequer sonhou. Mantenha esse procedimento só para si, de modo a não ser perturbado por céticos, que talvez não compreendam a lei profunda que está seguindo.

Lembre-se de que nada jamais "simplesmente acontece". Alguém tem que fazer com que as coisas aconteçam, incluindo sucessos individuais. O sucesso, em todas as profissões, é resultado de ação clara, cuidadosamente planejada e persistentemente levada a cabo pelo indivíduo que condiciona a mente para o sucesso e que acredita que vai consegui-lo.

Walter P. Chrysler gastou as economias de toda a sua vida na compra de um carro, porque tinha intenção de entrar no ramo da fabricação de automóveis e queria saber tudo sobre esta área. Desmontou e montou o carro dezenas de vezes, para espanto dos amigos, que começaram a achar que ele não estava muito bem da cabeça. Ainda assim, ele se manteve fiel a seu objetivo e foi em frente, até tornar-se um dos grandes sucessos industriais de sua época.

A história de Chrysler deve lhe dar esperança, uma vez que você necessita compreender que educação deficiente e falta de capital de giro não precisam desencorajá-lo de escolher qualquer meta que queira atingir.

Marie Curie revelou a existência do rádio antes de qualquer outra pessoa. O Dr. Albert Einstein liderou o caminho para a fissão do átomo e a resultante liberação da energia nuclear que outras pessoas, com finalidades menos claras na vida, achavam que era impossível.

A clareza de intenção torna obsoleta a palavra *impossível*. Ela é o ponto de partida de todos os sucessos. E está à sua disposição, e de todos — sem dinheiro e sem preço. Tudo que você precisa é de iniciativa pessoal para aceitá-la e usá-la.

A menos que saiba o que quer na vida, e esteja determinado a consegui-lo, será forçado a aceitar simples migalhas da mesa daqueles que souberam aonde estavam indo e tinham um plano para chegar lá.

Para ter certeza do sucesso, preencha a mente com sua meta. Pense e planeje sobre o que quer obter. Afaste a mente daquilo que não quer. Você acabou de aprender a fórmula prática seguida por todos os indivíduos bem-sucedidos na vida.

SEMANA 16

Use sua iniciativa pessoal

Seria difícil citar um hábito humano mais destrutivo do que a procrastinação — adiar para amanhã o que devia ter sido feito na semana passada. A iniciativa pessoal é a única cura para a procrastinação. Os bem-sucedidos são os que pensam e se movem por iniciativa própria. Há duas formas de ação, a que iniciamos por decisão nossa e a que praticamos apenas quando somos obrigados.

Vivemos em um país pleno de direitos e liberdades pessoais, à disposição de ricos e pobres. Este é talvez o fator mais importante em nosso sistema de livre mercado.

O direito à iniciativa pessoal foi considerado de importância tão grande que é especificamente assegurado a todos os cidadãos pela Constituição dos Estados Unidos. E reveste-se de tanto valor que toda empresa bem administrada reconhece e remunera devidamente indivíduos que usam iniciativa pessoal em proveito da companhia.

Quando era um jovem escriturário no escritório do superintendente da divisão da Pennsylvania Railroad Company em Pittsburgh, Andrew Carnegie chegou ao escritório certa manhã e descobriu que houvera um grande acidente ferroviário nos arredores da cidade. Em desespero, tentou entrar em contato telefônico com o superintendente, mas sem êxito.

Finalmente, como medida de emergência, fez algo que sabia que poderia implicar sua dispensa imediata, em virtude das normas rigorosas da companhia. Reconhecendo que cada minuto de atraso custava uma fortuna à estrada, transmitiu instruções por telégrafo ao maquinista, assinando o nome do seu supervisor.

Quando chegou para o trabalho horas depois, o superintendente encontrou o pedido de demissão de Carnegie e uma explicação do que fizera. O dia passou e nada aconteceu. No dia seguinte, o pedido de demissão lhe foi devolvido, com as seguintes palavras, escritas em letras vermelhas de um lado a outro da carta: PEDIDO DE DEMISSÃO NEGADO.

Dias depois, o supervisor chamou Carnegie à sua sala e disse:

— Jovem, há dois tipos de pessoas que nunca progridem ou chegam a ser alguma coisa na vida. O primeiro é o que não faz o que lhe mandam, o segundo é o que não faz mais do que lhe mandam.

Neste caso, o supervisor descobriu que Carnegie valia mais do que as políticas da companhia.

Há muitos anos, George Stefek, de Chicago, convalescia em um hospital de veteranos de guerra. Deitado na cama, teve uma ideia, uma ideia simples, que poderia ter ocorrido a qualquer pessoa. O importante, porém, foi que Stefek pôs a ideia em prática logo que teve alta. E a ideia lhe rendeu um bom dinheiro.

O que Stefek fez foi descobrir uso para as peças lisas de papelão que as lavanderias usam para manter a forma das camisas depois de lavadas e passadas. Stefek vendeu espaço de publicidade nas folhas de papelão. Como resultado, podia vender as folhas às lavanderias a um preço 30% mais baixo e dava aos anunciantes um novo meio para chegar a clientes potenciais. George Stefek transformou a American Shirtboard Advertising Company em um florescente negócio.

Clarence Saunders, de Memphis, Tennessee, viu uma longa fila de pessoas à espera de se servirem no que era na época um novo tipo de restaurante — a lanchonete. Pôs a imaginação a trabalhar e bolou um plano para adaptar a ideia do autosserviço ao ramo das mercearias.

Quando explicou a ideia ao empregador, um dono de armazém local, ouviu como resposta que era pago para encaixotar e entregar as compras, e que não devia perder tempo com ideias tolas, impraticáveis. Saunders pediu demissão e pôs o plano em vigor sob o nome de Piggly Wiggly Stores. Ganhou milhões com a ideia, a precursora dos modernos supermercados.

Dando-nos controle absoluto de nossa capacidade de pensar, o Criador sem dúvida queria que usássemos esse direito por iniciativa própria.

O surrado álibi do procrastinador — "Não tive tempo" — causou provavelmente mais fracassos do que todas as outras desculpas juntas. Os que progridem na vida e fazem um lugar para si mesmos *sempre arranjam tempo* para agir por iniciativa própria em qualquer direção necessária ao seu progresso ou benefício.

SEMANA 17

Conquiste o emprego que quer

O serviço que você presta no trabalho diário é um bem que precisa vender de modo a tirar o melhor proveito possível. Note, por favor, que eu não disse "ao mais alto preço possível". O melhor emprego que lhe ofereçam talvez não seja o que paga melhor. Outros podem oferecer maiores possibilidades de progresso, mais oportunidades para aprender, ganhar experiência e prepará-lo para cargos mais altos.

Na busca de emprego, adote sempre a visão do longo prazo. Procure oportunidades, e não a mera subsistência imediata. Vejamos abaixo a maneira como um homem saiu à procura de oportunidades, em vez de esperar que elas lhe batessem à porta.

Ao formar-se numa faculdade de engenharia na Costa Leste, John Wesley Ashton resolveu vender seus serviços com a mesma habilidade que o homem de negócios põe na comercialização de seus produtos. Em primeiro lugar, resolveu que tipo de emprego queria e o nível de salário que desejava. Em seguida, inseriu o anúncio abaixo em todos os jornais diários que pôde pagar:

> "*Sr. Alto Executivo no campo da engenharia: O senhor gostaria que um engenheiro recém-formado demonstrasse o valor que pode agregar à sua companhia, trabalhando um*

mês sem remuneração? Ofereço lealdade, confiabilidade, paciência, capacidade de lidar harmoniosamente com outras pessoas, uma usina de força de entusiasmo, uma personalidade agradável, pontualidade e uma paixão duradoura por aprender na prática, bem como um currículo de formado summa cum laude *em engenharia.*"

O anúncio provocou mais de trezentas respostas! Um executivo da U.S. Steel escreveu: "Procure-me em nossa matriz em Nova York na próxima quarta-feira, e, se for tão competente quanto diz, pode trazer também sua mala e vir preparado para visitar comigo uma de nossas siderúrgicas."

O método usado por Ashton foi tão excepcional que certamente tinha que despertar atenção. Oferecer-se para trabalhar um mês sem remuneração era um desafio a executivos de empresa. E provava que ele estava mais interessado em demonstrar o que tinha para dar do que o que esperava tirar do emprego. Quanto aos traços pessoais que mencionou, em vez de parecer arrogância, diziam ao empregador potencial o que ele esperava provar sobre si mesmo no mês de trabalho gratuito.

Na entrevista com o executivo da siderúrgica, Ashton entregou-lhe uma brochura elegantemente datilografada e encadernada em couro, contando tudo sobre si mesmo — educação, afiliação a instituições cívicas e de beneficência, *hobbies*, notícias a seu respeito estampadas no jornalzinho da faculdade e dados pessoais. Incluiu também uma foto recente e uma lista de referências.

Ashton conseguiu o emprego e não precisou trabalhar um mês de graça. Combinaram os dois que o salário seria fixado por acordo mútuo, ao fim do primeiro mês, depois de ter ele demonstrado sua capacidade. Mesmo assim, John Wesley Ashton aceitou o emprego recebendo menos do que lhe foi oferecido por outra empresa, porque reconheceu que o cargo tinha oportunidades quase ilimitadas de promoção.

Esta descrição do método usado por Ashton deve estimular sua engenhosidade, quando se candidatar a trabalho em qualquer campo de atividade. Use a imaginação. Faça a si mesmo as seguintes perguntas: De que modo posso atrair a atenção de um executivo ocupado? De que modo posso demonstrar o valor de meus serviços?

Cuidado para não exagerar seus méritos. Não prometa o que não pode oferecer. O exagero é, na melhor das hipóteses, um fraco alicerce sobre o qual construir uma carreira. Em vez disso, deixe que o supervisor fique agradavelmente surpreendido, ao descobrir que você lhe está entregando mais do que disse que faria — isto pode mesmo, quem sabe, fazer com que você suba mais um degrau na escada do progresso.

SEMANA 18

Consiga aquela promoção

Digamos que você pense que está em um beco sem saída, pois já faz muito tempo desde que teve um aumento de salário ou promoção. O que é que você pode fazer a esse respeito? Para começar, vamos examinar o assunto do ponto de vista do empregador.

A natureza humana é a mesma, seja o indivíduo o empregador ou o empregado. As mesmas coisas que motivam você, motivam patrões. Eles querem sucesso, querem aumentar seus negócios, elevar sua renda pessoal. Se não fosse assim, estariam jogando golfe, em vez de arriscar seu capital e gastar energia no trabalho.

Seu empregador quer promovê-lo e lhe dar aumentos — se você lhe der motivos para isso. Se o ajudar a atingir seus objetivos, ele obrigatoriamente o ajudará a atingir os seus. Se ele não faz isso, não é o tipo de indivíduo para quem deva trabalhar.

A maneira mais segura para obter sucesso é prestar mais e melhor serviço do que o esperado. Se você simplesmente cumpre sua cota diária, se faz apenas o que é exigido, se não demonstra interesse pela prosperidade da empresa — nenhum direito tem de esperar promoção.

Talvez seja hora de você se sacudir dessa letargia e iniciar uma campanha clara para cair fora desse beco sem saída. Comece com a filosofia de que o empregador não vai promovê-lo — é você quem vai promover-se.

Comece aproveitando todas as oportunidades de demonstrar capacidade de exercer um cargo mais importante. Em vez de evitar responsabilidade, procure-a. Quando outros passam a responsabilidade adiante, tome as decisões. *A característica mais importante da liderança é a disposição de tomar decisões e aceitar responsabilidade por elas.*

Decida que cargo quer e prepare-se para ele. Aproveite os programas de treinamento da empresa ou matricule-se em cursos técnicos, de graduação ou pós-graduação oferecidos por instituições perto de você. Diga com franqueza ao empregador que quer aprender a desincumbir-se daquele cargo e que gostaria de ajuda.

Acima de tudo, mantenha em mente o ponto de vista do empregador. Lembre-se, se você for bem-sucedido nesse esforço, algum dia você mesmo será o líder. Desenvolva pela empresa o mesmo interesse que o seu empregador. Esforce-se para ver a fábrica, o escritório ou a loja através dos olhos dele.

Ao adotar essa atitude, você condiciona também sua mente para desenvolver um ponto de vista executivo. Quando perceber, estará pensando em aumento da produção, custos mais baixos, maiores vendas e lucros mais polpudos. E descobrirá também que fervilha de ideias para atingir esses objetivos.

Dê toda liberdade ao entusiasmo e à imaginação. Não se amedronte com uma ideia porque ela é nova ou ousada. E não permita que pessoas negativas o detenham com o argumento de que "isso nunca foi tentado antes". Esta é uma razão ainda maior para tentar.

Comece com o trabalho que tem agora. De que modo ele pode ser executado mais rápido, melhor, com mais eficiência, a custo mais baixo? Que operações podem ser eliminadas ou fundidas com outras? Que mudanças resultariam em um produto melhor, a custo mais baixo?

Hoje em dia, quase todas as empresas têm um sistema de sugestões, com o intuito de aproveitar o poder intelectual dos empregados. Através desse sistema, você pode apresentar suas ideias ao empregador. Se o sistema não existir, um simples bilhete pode dar o recado.

Lembre-se, contudo, que seu esforço para ser promovido deve ser sincero. Ninguém é tão falso quanto o adulador e aquele que só faz repetir "sim, senhor". E você pode se questionar quanto a isso. Se você deseja sinceramente ajudar a empresa, vai notar em você mesmo um agudo senso de satisfação pessoal, recebendo ou não o reconhecimento imediato de seu superior.

Certifique-se de que as ideias são positivas. Você não pode subir pisando em ninguém. Se suas ideias consistem em queixas contra os colegas ou críticas a eles — esqueça tudo. Suas ideias devem ser do tipo que cria novos empregos e renda mais alta para todos.

Lembre-se, também, que ideias nada valem sem um plano de ação. Se considerar a ideia boa, faça alguma coisa por ela — imediatamente. Experimente-a, se puder fazer isso, ou leve-a a uma pessoa que possa. Mas não a deixe morrer sem ser experimentada.

Sem ação, nenhuma ideia jamais frutifica. E nada é mais triste do que uma ideia natimorta.

Como um homem obteve uma promoção

Carol Downes pediu demissão do emprego de caixa de banco e foi trabalhar com W. C. Durant, que acabava de fundar a companhia de automóveis que depois se tomaria a General Motors. Após seis meses no emprego, Downes chegou à conclusão de que chegara a hora de verificar que possibilidades havia de promoção. Procurou Durant, levando um questionário que lhe perguntava de que maneira podia melhorar seu serviço para a companhia, quais eram seus maiores defeitos e virtudes no trabalho e, finalmente: "Que cargo mais alto do que o que ocupo atualmente estou qualificada a exercer?"

Durant achou graça na atitude sem preâmbulos demonstrada pelo questionário de Downes. Devolveu-o respondendo apenas à última pergunta. Escreveu: "Por agora, você foi nomeado para supervisionar a instalação da maquinaria e equipamento de nossa nova linha de montagem, sem promessa de promoção ou aumento de salário."

Forneceu também a Downes uma série de plantas arquitetônicas, mostrando onde a maquinaria devia ser instalada, e acrescentou:

— Estas são as instruções que deve seguir. Agora vamos ver o que consegue fazer com elas.

Downes pegou as plantas e logo descobriu que, leigo como era em engenharia, não conseguia sequer lê-las. E foi neste ponto que demonstrou qualidades de liderança. Em vez de reconhecer que dera um passo maior que a perna, saiu em busca de quem pudesse fazer o trabalho. Esta é a essência da liderança.

Contratou um escritório de engenharia para supervisionar a instalação da maquinaria, sob sua direção, e pagou de seu próprio bolso os honorários do pessoal. Ao se dirigir ao gabinete de Durant para comunicar que o trabalho fora completado — uma semana antes do prazo —, passou por uma fileira de gabinetes de executivos. Um deles causou-lhe um choque e tanto: CAROL DOWNES, GERENTE GERAL.

Durant disse-lhe que ele fora promovido para aquele cargo, com zeros suficientes no salário para torná-lo convidativo.

— Quando lhe dei aquelas plantas, eu sabia que você não conseguiria lê-las — disse Durant. — Mas queria ver como se safaria da situação. Sua criatividade na busca por recursos é fundamental para encontrar alguém para fazer o trabalho que tem potencial para se tornar um executivo. Se tivesse vindo a mim com uma desculpa, em vez de se apresentar com o trabalho feito, eu o teria dispensado.

Downes acabou como multimilionário. Quando estive com ele pela última vez, gozava sua "aposentadoria", embora, na verdade, estivesse servindo como assessor da Associação dos Governadores dos Estados do Sul, com um salário de um dólar por ano — ainda dando um passo além e divertindo-se pra valer.

SEMANA 20

Dando aquela ajuda a um amigo

Todos os que chegam ao alto escalão recebem, ao longo do caminho, um bocado de ajuda de outras pessoas. O ditado que diz que uma mão lava a outra exige que façamos o mesmo por outrem.

O momento decisivo em minha própria carreira, por exemplo, ocorreu quando Andrew Carnegie aconselhou-me a organizar a "Ciência do Sucesso" como uma clara filosofia de conhecimentos e me deu ajuda e apoio ativo para pôr a ideia em prática. Tenho esperança de que, passando adiante o que aprendi em uma vida inteira de pesquisa, eu esteja resgatando a dívida que contraí quando Carnegie me deu ajuda há tantas décadas.

É uma verdade que uma das maneiras mais seguras de conseguirmos sucesso na vida consiste em ajudar outras pessoas a obtê-lo também. E quase todos podem contribuir para os menos afortunados. O indivíduo realmente próspero é aquele que tem meios para dar de si mesmo, de seu tempo e de sua energia em benefício de outras pessoas. Ao fazer isso, ele enriquece além de qualquer medida.

Uma das experiências mais agradáveis que podemos ter é apontar para alguém que chegou ao auge do sucesso e dizer: "Eu o ajudei a chegar lá."

Seu esforço em favor de alguém menos afortunado não apenas o ajudará, mas acrescentará também valor inestimável à sua própria alma — quer a pessoa reconheça ou não sua ajuda e seja grata por ela.

É um fato estranho que a natureza humana busque a luta, seja por si mesma, seja pelos outros. Lembro-me que, quando era muito mais moço, lutei e finalmente consegui me livrar de uma dívida. Todas as minhas obrigações tinham sido cumpridas. Eu estava contente — ou pelo menos foi isso o que pensei. Mas, passando-se os meses, uma inquietação tomou conta de mim. Precisei de algum tempo para compreender o que havia de errado. Eu sentia falta do divertimento da luta.

Isso não implicou que eu me desfizesse de minha fortuna e começasse tudo de novo. Achei que poderia me divertir tanto ou mais ajudando outras pessoas a travar suas batalhas, assumindo algumas de suas responsabilidades, tornando mais fácil para elas o caminho para o sucesso.

Pense só como o mundo seria transformado, se todos nós adotássemos alguém para ajudar ao longo da vida. Nós, por nossa parte, seríamos adotados e obteríamos contentamento.

Ajudar o próximo faz sentido do ponto de vista empresarial. John Wanamaker, o rei do comércio da Filadélfia, disse certa vez que o hábito mais lucrativo era o de "prestar serviço útil quando não esperado".

Talvez alguns exemplos singelos o ajudem a pensar em maneiras de ajudar aos demais.

Há um comerciante numa cidade da Costa Leste que construiu um excelente negócio graças a um processo muito simples. Seus empregados conferem frequentemente os parquímetros instalados perto da loja. Todas as vezes que um empregado nota um sinal de "tempo esgotado", paga por mais tempo e deixa ali um recado dizendo que o dono da loja tal sente-se feliz em ter ajudado o motorista a livrar-se da inconveniência de receber uma multa. Muitos motoristas entram na loja para agradecer ao comerciante — e acabam comprando alguma coisa.

O dono de uma grande loja de artigos masculinos em Boston coloca um cartão elegantemente impresso no bolso de cada terno vendido. O cartão diz ao comprador que, se achar o terno satisfatório, poderá trazer o cartão de volta dali a seis meses e trocá-lo por uma gravata. Naturalmente, o freguês sempre volta satisfeito com o terno — e é um bom potencial para outra venda.

Outro exemplo é Butler Stork, que deu de si mesmo com tanta generosidade como interno na Penitenciária Estadual do Ohio que foi solto e se salvou de uma sentença de vinte anos. Stork organizou uma escola por correspondência que ensinou a mais de mil internos em uma grande variedade de cursos, sem despesas para eles ou para o Estado. Induziu mesmo a International Correspondence School a doar livros didáticos. O plano atraiu tanta atenção que Stork recebeu a liberdade como recompensa.

Coloque a mente para trabalhar. Avalie sua capacidade e energia. Quem é que precisa de ajuda? De que modo você pode ajudar? Não é preciso dinheiro. Tudo que você vai necessitar é de engenhosidade e um sincero desejo de ser realmente útil.

Ajudar alguém a resolver seus problemas o ajudará a resolver os seus.

Viva em harmonia com os demais

Todos os que aspiram a ter sucesso na vida precisam reconhecer as causas do fracasso. De que outra maneira poderemos evitar as armadilhas em nosso caminho? Em minha pesquisa sobre relações humanas, descobri pelo menos trinta grandes causas de fracasso. A avó de todas elas é a *falta de capacidade de conviver harmoniosamente com outras pessoas.*

Um grande empresário — um dos homens mais ricos de seu tempo — disse-me certa vez que tinha um critério de cinco pontos para escolher candidatos a altos postos executivos. Os cinco pontos eram:

1. Capacidade de se dar bem com as pessoas.
2. Lealdade àqueles a quem a lealdade era devida.
3. Confiabilidade em todas as circunstâncias.
4. Paciência em todas as situações.
5. Capacidade de fazer bem um dado trabalho.

É notável que a capacidade no trabalho venha por último. Isso acontece porque quanto mais capacidade o indivíduo tem para um trabalho, mais objeto de críticas pode tornar-se, se carecer das outras quatro características.

Charles M. Schwab foi promovido por Andrew Carnegie do emprego de diarista para um cargo com salário de setenta e cinco mil dólares anuais, que naqueles dias era uma verdadeira fortuna. Schwab, porém, recebia também uma gratificação que, às vezes, alcançava um milhão de dólares ao ano. Dizia Carnegie que o salário era pelo serviço concreto que Schwab prestava. A gratificação, pelo que inspirava os demais a fazer.

Sua capacidade de inspirar outras pessoas é um cheque em branco contra o banco da vida, que você pode preencher com a quantia que quiser. Se lhe falta essa habilidade, você pode tomar medidas para adquiri-la. Vejamos algumas regras para adotar e seguir:

- Saia de sua rotina para dizer uma palavra bondosa ou prestar serviço útil que não é esperado.
- Modifique o tom de voz, a fim de transmitir um sentimento de calor humano e amizade àqueles a quem se dirige.
- Direcione a conversa para os assuntos de maior interesse dos ouvintes. Fale "com" eles e não "a" eles. Considere as pessoas com quem conversa como as mais interessantes do mundo, pelo menos naquele momento.
- Suavize frequentemente a expressão do rosto com um sorriso, enquanto fala.
- Nunca, em nenhuma circunstância, use ofensas ou obscenidades.
- Mantenha para si mesmo suas ideias religiosas e políticas.

- Nunca peça um favor a alguém que você mesmo não tenha ajudado em alguma ocasião.
- Seja bom ouvinte. Encoraje os demais a falar com franqueza.
- Lembre-se de que um grama de otimismo vale uma tonelada de pessimismo.
- Encerre cada dia com a oração seguinte: "Não peço mais bênçãos, apenas mais sabedoria com a qual fazer melhor uso das bênçãos que já tenho. E, por favor, dá-me mais compreensão para que eu possa ocupar mais espaço no coração de meus semelhantes, prestando mais serviço amanhã do que prestei hoje."

SEMANA 22

Deixe que os outros o ajudem a ter sucesso

Você conseguirá com mais rapidez e certeza o sucesso se aprender como usar a educação, a experiência, as habilidades e a influência de outras pessoas.

O capitão Eddie Rickenbacker considerava seu maior ativo pessoal a capacidade de deixar que outras pessoas lhe permitissem, em um espírito de cooperação amigável, o uso do cérebro delas.

— Se troco o dólar que tenho pelo dólar que você tem — dizia ele —, nenhum de nós acaba melhor do que começou. Mas se troco uma ideia pela ideia que você tem, terminaremos duas vezes mais ricos do que antes. E o trabalho de equipe é a maneira de multiplicar infinitamente nossa riqueza espiritual.

Lembre-se de que duas ou mais pessoas, trabalhando em estreito contato, em uma aliança na qual complementam e reforçam as habilidades recíprocas, podem sempre conseguir mais do que uma sozinha. Os maiores êxitos de nosso sistema de livre empresa têm origem não na iniciativa de um indivíduo, mas de um grupo. Contudo, ao procurar ajuda dos demais, você precisa estar disposto a dar o equivalente. Não pode ir de mãos vazias.

A grandeza de Thomas Edison como inventor resultava de sua habilidade para organizar equipes de pessoas — cada uma delas com muito mais conhecimentos em sua própria especialidade do que ele possuía — tendo em vista um objetivo comum.

Lloyd Weeks, de Salem, Illinois, é um engenheiro mecânico que teve uma ideia excepcional para construir tanques de petróleo. A ideia, no entanto, precisava de dinheiro para ser desenvolvida. Um vizinho, um dentista conhecido, não tinha o entendimento de engenharia de Lloyd, mas tinha economizado algum dinheiro, fruto de seu suor. Ambos contribuíram com seus recursos para uma sociedade comercial que passou a render a ambos milhares de dólares, todos os anos.

É absolutamente essencial que todos os membros de uma sociedade usufruam dos benefícios. Se não for assim, a equipe logo se dissolverá.

Certa noite, passeando pela fábrica, Henry Ford parou para conversar com um faxineiro.

— Gosta de seu trabalho? — perguntou Ford.

— Gosto — respondeu o faxineiro —, mas gostaria mais ainda se o senhor vendesse essas aparas de metal, em vez de jogá-las fora, e me desse parte do dinheiro que apurasse.

No dia seguinte, Ford pôs a ideia em operação. A medida economizou à companhia uma boa soma e resultou em uma promoção para o faxineiro.

De que é que você precisa para ter sucesso? Quem é que o tem? O que você pode oferecer em troca? Talvez seja exatamente o que alguém está procurando.

Se é assim, você pode reunir seus recursos e tornar muito mais fácil a luta pelo sucesso. Ou, como diz o velho ditado: "Duas cabeças pensam melhor do que uma."

Receba, de braços abertos, a ajuda que lhe dão

Pensamentos brilhantes jamais são produzidos por uma mente cheia de preocupações. Gente esperta sabe disso e faz alguma coisa a respeito, procurando ajuda de outras pessoas cuja mente esteja livre de medos e preocupações.

Nas primeiras fases da Grande Depressão, John Collier veio ao meu escritório com um problema que o preocupara tanto que chegara a adoecer fisicamente. Embora ele tivesse a solução do problema, o estado mental em que se encontrava não lhe permitia reconhecê-la.

Collier era fabricante de sapatos em Boston. Quando começou a Depressão, o banco que tinha notas promissórias suas executou a dívida e tomou-lhe o equipamento. E ele não podia conseguir outro empréstimo sem dar garantias.

Umas poucas perguntas simples revelaram os fatos seguintes: ele era um experiente fabricante de sapatos, com mais de vinte anos de sucesso; tinha uma linha de clientes que lhe davam preferência desde que iniciara o negócio; era diácono em uma das igrejas mais conceituadas de Boston; e tinha uma vida pessoal feliz. Ao lhe sumariar os ativos, disse-lhe que ele era rico nos valores da vida, que eram os que contavam mais.

— Sim, eu sei — respondeu ele —, mas estou quebrado!

— Um homem que tem o tipo de ativos que o senhor possui nunca está quebrado — repliquei — porque eles são a melhor garantia que alguém pode dar.

— Tudo bem, mas os bancos não pensam assim.

— Não, não pensam — concordei —, mas há outras maneiras de encontrar pessoas que pensam dessa maneira. Bem, eu sugiro que o senhor convoque uma reunião dos dez homens mais importantes que conhece, homens que tenham meios financeiros substanciais, e o mesmo número de comerciantes que lhe compram sapatos. Peça-lhes que lhe emprestem o dinheiro de que precisa para recomeçar o negócio.

Eu mal havia terminado de falar quando os olhos de Collier perderam aquele brilho vidrado de medo. Ele começou a sorrir, tirou uma caderneta de notas do bolso e passou a escrever. Quando terminou, entregou-me a caderneta e vi que ela continha os nomes de apenas cinco homens, todos eles antigos clientes seus.

— Estes — disse ele — são os nomes dos cinco homens que me ajudarão. Eles me compraram sapatos durante anos, conhecem meu produto e confiam em mim e em meus sapatos. Vou conseguir com eles a ajuda financeira de que preciso, dando-lhes um desconto extra em todos os sapatos que me comprarem no futuro.

Nessa ocasião, expliquei a Collier que ele adotara o mesmo plano que servira tão bem a Henry Ford nos primeiros dias da Ford Motor Company. Ford, expliquei, conseguira o capital de giro de que necessitava dos homens que lhe compravam os automóveis — os concessionários.

— A situação toda está agora clara para mim — observou Collier. — Mas o que me deixa confuso é o motivo por que não pensei nisso antes de vir procurá-lo.

A mesma pergunta incomoda muitas outras pessoas, que têm a solução para seus problemas mas precisam que outros lhes chamem a atenção para elas.

Collier voltou a Boston. Sete meses depois, recebi uma carta dele explicando o que acontecera com o plano. Com a carta veio um belo relógio de bolso, com a inscrição seguinte: "A Napoleon Hill, que me apresentou ao meu outro eu".

A inscrição contava toda a história. Tudo que fiz foi soltar Collier das garras do medo, sentimento esse que o havia levado a se limitar de forma desnecessária, em uma época em que muitas necessidades se faziam presentes.

A melhor lição que você pode aprender é o seguinte: nosso maior ativo é a nossa capacidade de procurar a ajuda daqueles que podem e com prazer nos dão conselhos, quando nossa própria engenhosidade fracassa.

Trabalhe com sua equipe

A cooperação é necessária no lar, no trabalho, na vida social. E é necessidade absoluta em nossa forma democrática de governo e em nosso sistema de livre iniciativa.

Há dois tipos de cooperação. O primeiro, motivado pelo medo ou a necessidade, o segundo, pela boa vontade. O trabalho de equipe autêntico só pode ser feito estabelecendo-se o motivo apropriado, que induza a coordenação amigável do esforço.

Nas décadas transcorridas desde os dias em que Andrew Carnegie era um líder da indústria americana, ninguém até hoje superou a sua fórmula para inspirar trabalho de equipe. O sistema que ele adotava era simples. Em primeiro lugar, estabelecia um incentivo monetário através de promoções e gratificações, concebidos de tal maneira que parte do trabalho de cada indivíduo dependia do tipo de serviço que prestava. Em segundo, jamais repreendia um empregado em público. Levava o próprio empregado a fazer isso mediante perguntas habilmente dirigidas. Em terceiro, nunca tomava decisões que cabiam a seus executivos. Estimulava-os a tomá-las e a se responsabilizarem pelos resultados.

O método de Carnegie encorajava a realização individual na estrutura de equipe, porque ele acreditava que o maior sucesso só é obtido através de trabalho de grupo. Isto significava tanto *dar* quanto *receber* cooperação. Líderes egoístas recebem pouca cooperação de seus subordinados porque cooperação assemelha-se ao amor no que diz respeito a dar antes de receber.

O capitão Eddie Rickenbacker inspirou trabalho de equipe durante duas guerras mundiais em serviço na Força Aérea. Na Primeira Guerra Mundial, derrubou pessoalmente vinte e seis aviões inimigos. Na Segunda Guerra, seu exemplo pessoal transformou um grupo de aviadores em uma equipe, a qual os levou em segurança através da experiência penosa de vagar à deriva em uma balsa descoberta no oceano Pacífico durante quase um mês. Seu tipo de trabalho de equipe foi também o alicerce sobre o qual construiu a Eastern Airlines.

O filósofo William James disse certa vez: "Se puder influenciar outras pessoas para que cooperem de maneira cordial, você poderá conseguir qualquer coisa que quiser com pouquíssima ou nenhuma resistência." Essa declaração, embora muito ousada, é a pura verdade.

Quando mergulhamos até o coração de qualquer grande e bem-sucedida empresa, descobrimos que sua pulsação é o trabalho de equipe, inspirado de cima para baixo. Numa equipe esportiva vitoriosa, o crédito não cabe a ninguém em particular, a menos que seja dado ao treinador, que inspira seus jogadores a subordinar a glória pessoal ao sucesso do time. Knute Rockne, técnico da equipe de futebol americano da Universidade Notre Dame, tornou-se lendário por sua maravilhosa capacidade de inspirar trabalho de equipe.

Qualquer interpretação adequada dos motivos que inspiram cordial trabalho de equipe terá que chamar atenção para o Sermão da Montanha. Não há melhor maneira de obter cooperação amiga do que aplicando a Regra Áurea.

A lei da reciprocidade tem também um aspecto negativo — a lei da retaliação. Ambas estão profundamente enraizadas na natureza humana. Através delas, o significado da passagem bíblica, "Assim como semeares, assim colherás", torna-se muitíssimo evidente. Isto porque é verdade que aquilo que fazemos um ao outro ou um pelo outro, fazemos a nós e por nós mesmos.

Trabalhe bem com sua equipe — e ela o levará ao sucesso.

SEMANA 25

Humildade

Muitas pessoas consideram a humildade, um dos principais ingredientes da personalidade agradável, uma virtude negativa. Mas não é. Ela é fortemente positiva. A humildade é uma força que você pode usar para seu próprio bem. Todos os grandes progressos da humanidade — espirituais, culturais e materiais — nela se basearam.

Constitui o requisito principal da filosofia/teologia judaico-cristã. Foi com humildade que Gandhi libertou a Índia. E com ela o Dr. Albert Schweitzer ajudou a melhorar as condições de vida dos africanos.

A humildade é absolutamente essencial para o tipo de personalidade de que você necessita para conseguir sucesso pessoal, qualquer que seja sua meta. E quando você chegar lá no topo descobrirá que ela é ainda mais essencial. Sem humildade, você nunca adquirirá sabedoria, pois uma das características mais importantes da pessoa sábia é a capacidade de dizer “Eu me enganei”.

Sem humildade, você nunca poderá descobrir o que chamo de “semente de um benefício equivalente” na adversidade e na derrota. Todo revés traz consigo alguma coisa que o ajuda a vencê-lo — e até a elevar-se acima dele. R. G. LeTourneau, por exemplo, iniciou um negócio como dono de garagem, fracassou, e entrou no ramo de construção civil. Era um dos subempreiteiros do projeto da Represa Hoover quando, inesperadamente, bateu em uma camada de pedra dura. As dificuldades e atrasos na remoção da obstinada rocha custaram-lhe tudo o que possuía.

Le Tourneau não pôs a culpa em ninguém nem se queixou de sua má sorte, e muito menos criticou as forças da natureza pelas suas perdas. Assumiu a responsabilidade por tudo. Após cada revés, encontrava consolo na oração. E foi enquanto rezava que descobriu a "semente de um benefício equivalente" em sua última derrota. Resolveu entrar no ramo de fabricação de máquinas que rompessem qualquer tipo de rocha existente na terra.

Como resultado, a maquinaria de terraplenagem Le Tourneau é hoje usada em todo o mundo. Le Tourneau possui várias fábricas e juntou uma fortuna pessoal que alcançou a casa dos milhões de dólares. A história de sua humildade, porém, não termina aí. A fim de demonstrar sua gratidão pela ajuda que recebera para transformar derrota em vitória, adquiriu o hábito de doar a maior parte de sua renda a igrejas e dedicar a maior parte de seu tempo ao trabalho de pregador amador.

Às vezes, a humildade transforma a derrota em uma bênção espiritual. Há muitos anos, visitei Lee Braxton, empresário e ex-prefeito de Whiteville, Carolina do Norte, no mesmo dia em que ele descobriu que sofrerá um grave prejuízo financeiro, devido à negligência de um sócio em quem confiara implicitamente durante anos.

— Quantas empresas bem-sucedidas você construiu e administrou? — perguntei.

— Umas quinze, no total — respondeu Braxton —, incluindo o First National Bank de Whiteville. E nunca perdi um tostão com nenhuma delas. É por isso que o prejuízo dói tanto. É um rude golpe em meu orgulho.

— Isso é bom —, garanti a ele. — Você está prestes a descobrir que tem tanta força nas ocasiões de fracasso quanto nos períodos de sucesso. O prejuízo que teve foi uma grande bênção, se o deixa rico em humildade de coração e gratidão pelas outras riquezas que ainda possui. Com ela, você pode tornar-se mais bem-sucedido do que nunca — assegurei-lhe.

O rosto de Braxton se abriu em um alegre sorriso.

— Exatamente— concordou. — Eu não havia pensado no problema dessa maneira.

Meses depois, recebi uma carta de Braxton. Dizia que sua renda subira para um recorde absoluto, mais do que compensando o prejuízo que sofrerá. A humildade é uma força positiva que não conhece limitações.

SEMANA 26

Estimule-se

O que você diz e como diz é da mais alta importância. Os outros nos julgam pela maneira como falamos, pelo nosso vocabulário e pelo modo como transmitimos nossas ideias e pensamentos. Mas a impressão que damos, não o que dizemos, produz às vezes igual ou maior impacto sobre os outros — e sobre nós mesmos. A maneira como os outros nos veem e o modo como nós mesmos nos vemos são importantes, se queremos chegar ao nível de sucesso que almejamos.

Um dos maiores vendedores dos Estados Unidos leva na mala do carro um conjunto muito caro de tacos de golfe. Ele nunca deu uma tacada de golfe na vida, mas você ficaria surpreso ao descobrir com que eficiência ele usa esses tacos para derrubar quaisquer obstáculos que lhe atrapalhem uma venda.

Sem jamais dizer isso, dá a impressão de que tem tanto sucesso na vida que poderia passar a maior parte do tempo jogando golfe. Quando é convidado a jogar, alega sempre um compromisso anterior com um grupo prestigiado de fulanos ou beltranos, mas jamais cai na armadilha de topar uma partida. Se aceitasse, estaria arrasado.

Logro? Burla? Deformação da realidade? Não! Ele é o maior vendedor em sua área de atuação. A fim de vender bem, tem que reforçar o seu próprio ego, o que não prejudica ninguém. E ele vende!

Pessoalmente, nunca senti uma premente necessidade de reforçar meu ego com esses truques, e é provável que você também não. Mas se eu sentisse, iria a qualquer extremo para fazer devidamente meu trabalho. Talvez eu fosse até mais longe do que aquele vendedor.

Descobri, em contatos com milhares de indivíduos, em todas as situações de vida, que o ego humano é muito manhoso e que tem que ser influenciado de maneiras variadas e indiretas, de acordo com a natureza de seu possuidor e de sua experiência prévia.

Eu seria a última pessoa no mundo a recomendar a alguém que recorresse a um esquema de ganhos que prejudicasse ou tirasse proveito de alguém, independentemente de que modo fosse. Não obstante, eu seria o primeiro a ajudar certas pessoas a planejar meios de enganar seu próprio ego, a fim de aliviá-las do medo e do complexo de pobreza, que dominam tantas pessoas.

Um de meus alunos — um vendedor de seguros de vida — usa um diamante de oito quilates, que lhe serve como uma espécie de varinha de condão enquanto conversa com clientes potenciais. Este homem é um dos maiores vendedores de uma companhia de seguros de vida.

Há algum tempo, ele levou o diamante a um joalheiro, a fim de colocá-lo em novo engaste. O trabalho exigiu uns dois dias. Nesse período, ele trabalhou mais do que o habitual, mas não conseguiu fazer nem uma única venda. Contou ele que, quando começava a falar com o cliente em perspectiva, olhava para o dedo sem o anel, e alguma coisa no íntimo lhe dizia: "Ele não vai comprar, ele não vai comprar".

Aquela vozinha tinha toda razão: ele não vendia. Logo que recebeu o anel de volta, preencheu seis propostas de seguros, em seis entrevistas com clientes, no primeiro dia de volta às ruas!

Bem, quanto a mim, se fosse visto em público com um anel de diamante de oito quilates no dedo, eu me sentiria tão embaraçado que acho que meu ego me deixaria desamparado, em vez de me energizar para mais ação. Mas eu o recomendaria a todos que, como meu amigo vendedor de seguros, conseguem estímulo mental de um reforçador artificial do ego.

Uma das maneiras mais eficientes para reforçar seu ego — e todos precisam de um reforço no ego — é escolher alguma pessoa como exemplo, alguém cujas realizações você gostaria de igualar ou exceder. Use essa pessoa como parâmetro segundo o qual possa medir suas próprias realizações.

Seu cônjuge pode tornar-se um estímulo poderoso ao seu ego, se o relacionamento entre vocês é harmonioso e visa ao mesmo fim. O poder de uma aliança como essa gera uma força que o impulsionará para o sucesso a uma velocidade muito maior do que pode imaginar.

Seus colegas mais íntimos também podem dar uma poderosa ajuda ao seu ego, se você se ligar ao tipo certo de pessoas. Certifique-se de que os que o cercam o encorajam e elevam sua autoestima, em vez de deprimi-lo e puxá-lo para baixo.

O ego precisa ocasionalmente de estímulo. Use todos os macetes que funcionem para motivá-lo. Se precisa de um bem material para reforçar sua autoestima, compre-o. Enquanto o que fizer não prejudicar ninguém e o ajudar, é a coisa correta a fazer. Se você se sente bem consigo mesmo, isto se torna visível para os que encontra. E, lembre-se, a próxima pessoa que encontrar pode ser exatamente a que lhe vai dar um enorme empurrão para cima, pela escada do sucesso.

SEMANA 27

Desperte e conheça seu eu positivo

Soldados do exército trabalhavam febrilmente para completar uma ponte no Alasca. O rio estava congelado e os sapadores usavam o gelo como base dos pilares temporários centrais. Seria desastroso o fracasso, se não colocassem em posição a viga central antes que o gelo derretesse.

As vigas de aço haviam sido fabricadas numa siderúrgica da Pensilvânia, o que exigira uma longa viagem até o canteiro de obras. Agravando ainda mais a situação, as péssimas condições do tempo haviam retardado o transporte até um ponto em que os sapadores tinham apenas mais alguns dias para completar o trabalho. Finalmente, chegaram as vigas. Foram içadas para a posição desejada, mas logo se descobriu que elas eram curtas.

O tempo mais quente aproximava-se rápido, e a siderúrgica ficava a milhares de quilômetros de distância. Uma situação impossível? Não para um pensador positivo, com capacidade de liderança.

Um sapador dotado dessas qualidades telefonou rapidamente para a siderúrgica e pôs as rodas em movimento para que fossem produzidas vigas do tamanho correto. Alguém na siderúrgica possuía também aquelas qualidades de liderança que tornam sem importância a palavra *impossível.* As vigas foram produzidas em tempo recorde e levadas às pressas para o Alasca, sob a direção de dois despachantes, que as mantiveram em movimento dia e noite, de acordo com ordens de prioridade máxima.

As vigas foram descarregadas, içadas em posição, e colocadas nos seus encaixes exatamente três minutos antes de o gelo ceder sob os pilares temporários. Essa manobra foi supervisionada não só por indivíduos dotados de forte vontade, mas também por um parceiro silencioso, que sempre ajuda aqueles que sabem exatamente o que querem e estão determinados a não aceitar nada menos que isso.

Há um poder que pessoas dotadas de clareza de objetivo podem sempre usar. Este poder coloca-lhes à disposição as leis imutáveis que impõem ordem e clareza de finalidade ao universo, do qual nosso pequeno mundo é apenas uma parte infinitesimal.

A grandeza de Abraham Lincoln revelava-se em seu mais alto nível quando ele enfrentava problemas que teriam eclipsado a alma de homens de menor calibre. Os fracassos, derrotas e decepções no começo de sua vida foram transmutados em um grau de inteligência que o homem comum jamais experimenta. Lincoln era possuidor daquela característica rara de ser capaz de convocar mais força de vontade, em vez de desistir, quando a situação se agravava e o sucesso desaparecia da vista.

Este é o tipo de caráter que torna homens e mulheres realmente grandiosos. Qualquer um pode desistir ou mudar de ideia, voltando a atenção para alguma outra coisa quando o fracasso o atinge, e é isto precisamente o que a maioria faz em circunstâncias adversas. Talvez essa seja a principal razão por que há tantos fracassos e tão poucos sucessos na vida.

Você não vê o seu eu real quando olha no espelho. Vê apenas a casa onde ele vive.

Se aspira chegar a planos mais altos de sucesso na vida, você precisa conhecer melhor este grande, poderoso, *positivo eu* que vive em seu corpo. Ele pode ser o criador de todas as alegrias que você deseja, de todas as riquezas materiais de que necessita para ter paz de espírito e felicidade, e pode também lhe manter o corpo físico livre de doenças.

Esta entidade invisível que habita seu corpo pode executar nos menores detalhes as instruções que lhe der, mas você precisa tomar a iniciativa e lhe dizer o que quer na vida. Você tem livre-arbítrio aos olhos de seu eu positivo, e lhe foi dado o direito de dirigi-lo para fins de sua própria escolha.

Nunca houve grande número de "gênios", aqueles que fazem o impossível em cada geração, mas, quando os encontrar, descobrirá também alguém que estabeleceu contato com seu eu positivo e o dirigiu para fins claros, em um espírito de fé perfeita.

Tive o privilégio de trabalhar e conhecer intimamente centenas das pessoas mais bem-sucedidos que os Estados Unidos produziram. Todos eles alcançaram sucesso graças aos poderes do eu positivo.

Assuma a posse de seu eu positivo e ele o colocará sob a luz do sucesso e o levará triunfantemente a quaisquer alturas de realização pessoal que desejar.

SEMANA 28

O poder da atitude mental

O que quer que sua mente possa conceber e acreditar, ela pode realizar!

O Criador de todas as coisas lhe deu controle completo, indisputável, sobre uma única coisa — o direito de condicionar a mente com a atitude mental que desejar.

A atitude mental dá a toda a sua personalidade um poder que atrai as circunstâncias, coisas e pessoas em que mais pensa. Este fato explica por que tantas pessoas passam pela vida como fracassados — sofredores, doentes de corpo e mente, em estado de pobreza. São essas exatamente as coisas que elas atraem com os pensamentos que permitem que lhes ocupem a mente.

Cientistas analisaram, desmontaram e explicaram quase todos os fenômenos, menos os milagres que a mente humana pode realizar, quando condicionada de modo devido por uma convicção tão intensa que se transforma em fé e é dirigida para objetivos claros.

Quando chegamos a este mundo, trazemos conosco o equivalente a dois envelopes fechados, que só podem ser abertos por nós mesmos. Um deles contém uma longa lista de benefícios e riquezas que podemos obter com o processo simples de reconhecer o poder da mente, assumir o controle desse poder e dirigi-lo para objetivos que nós mesmos escolhemos, adotando uma atitude mental positiva. No outro, há uma lista igualmente longa de multas que teremos que pagar se deixarmos — por ignorância, indiferença ou qualquer outro motivo — de orientar e dirigir nosso poder mental.

Uma das características mais estranhas é que precisamos que ocorra uma tragédia, um fracasso ou alguma forma de infortúnio para que possamos compreender o poder da atitude mental positiva.

Milo C. Jones, de Fort Atkinson, Wisconsin, levava uma vida modesta como agricultor, até que teve um derrame que o deixou com paralisia. Nessa ocasião, descobriu que o poder da mente era mais forte do que o dos músculos. Sua ideia de fazer salsichas de carne de porco tornou-o fabulosamente rico, na mesma fazenda que antes mal lhe dera o suficiente para viver. Iniciava-se assim a linha de produção Jones Farm, hoje conhecida em todos os lares dos Estados Unidos.

Sua capacidade de *acreditar* é o maior ativo que você possui. Mas não poderá recorrer a ele, ou dele beneficiar-se, até que forme o hábito de manter positiva a atitude mental. Talvez valha a pena lembrar que somos tão pequenos quanto as circunstâncias que permitimos que nos preocupem. E ninguém pode enfurecê-lo ou obrigá-lo a ter medo sem seu pleno consentimento e cooperação.

A atitude mental é o meio através do qual você pode equilibrar a vida e seu relacionamento com pessoas e circunstâncias — e atrair o que deseja.

O estilo de vida americano e o sistema de livre iniciativa nos Estados Unidos são produtos da mente de pessoas que *acredi-*

taram em si mesmos e conservaram essa crença, controlando suas atitudes mentais. Os que creem são os precursores da civilização, os criadores da indústria, os fundadores de impérios, os reveladores da abundância posta à nossa disposição pelo Criador de todas as coisas.

De fato, o que quer que sua mente possa conceber e acreditar, ela pode realizar.

SEMANA 29

Mantenha uma atitude mental positiva

Ouvimos frequentemente dizer que os ricos tomam-se cada vez mais ricos e os pobres cada vez mais pobres. Os estudos que realizei sobre os princípios que tornam algumas pessoas imensamente bem-sucedidas na vida e outras que são completos fracassos confirmam essa opinião.

A Bíblia diz a mesma coisa nas seguintes palavras: "Porque a todo o que tem se lhe dará, e terá em abundância; mas ao que não tem, até o que tem lhe será tirado." (Mateus 25:29).

Posses devem ser usadas, não entesouradas. Tudo o que temos, temos que usar, ou o desperdiçaremos.

Só há uma coisa permanente neste universo — a mudança eterna. Nada permanece exatamente igual, nem mesmo por um segundo. Até o corpo físico no qual vivemos muda por completo com espantosa rapidez. Você pode comprovar essas afirmações com sua própria experiência.

Quando o indivíduo luta por reconhecimento e por algum dinheiro, raramente encontra alguém que lhe dê a necessária ajuda. Mas logo que ele melhora de vida — e não precisa mais de ajuda — forma-se uma fila de pessoas que querem ajudá-lo.

Através do que chamo de lei da atração harmoniosa, o igual atrai o igual em todas as circunstâncias. Sucesso atrai sucesso ainda maior. Fracasso atrai mais fracasso. Durante toda a nossa vida, somos os beneficiários ou vítimas de uma luz em rápido movimento, como a do sol, que nos leva para a frente, rumo ao sucesso ou ao fracasso. A ideia é fluirmos com a luz do sucesso, não com a do fracasso.

Mas de que modo fazer isso? A resposta é simples. Adote uma atitude mental positiva, que o ajude a modelar o curso de seu destino, em vez de andar à deriva, à mercê da adversidade.

Sua mente foi dotada do poder de pensar, aspirar, alimentar esperança, dirigir-lhe a vida para qualquer meta. Ela é a única coisa que temos o direito completo, indisputável, de controlar. Mas, lembre-se, temos que aceitar esse direito — e usá-lo — ou sofreremos grave castigo. Na verdade, o que quer que tenhamos — nos níveis material, mental ou espiritual —, temos que usá-lo, ou o perderemos.

Em primeiro lugar, esclareça qual a posição que quer alcançar na vida. Em seguida, diga a si mesmo: "Eu consigo fazer isso. Eu consigo fazê-lo agora mesmo." Estabeleça os passos que tem que dar para chegar à meta. Dê um de cada vez, e vai descobrir que, a cada sucesso, o passo seguinte torna-se mais fácil, e mais e mais pessoas são atraídas para ajudá-lo a realizar seu objetivo final.

Lembre-se, você não pode permanecer parado. Tem que se mover para cima, para o sucesso — ou para baixo e para o fracasso. A escolha é sua, e só sua.

SEMANA 30

Seja otimista

Otimismo é uma questão de hábito mental. Você pode aprender a praticar o hábito do otimismo e, dessa maneira, aumentar muito suas possibilidades de alcançar sucesso na vida. Ou pode descer para o fundo do poço do pessimismo e do fracasso.

O otimismo constitui uma das características mais importantes da personalidade agradável. Mas resulta principalmente de outros traços de caráter, como: senso de humor apurado, esperança, capacidade de vencer o medo, contentamento, atitude mental positiva, flexibilidade, entusiasmo, fé e espírito de decisão.

Em vez de preocupar-se com as coisas más que poderiam lhe acontecer, passe alguns minutos todos os dias enumerando as coisas agradáveis que poderão acontecer amanhã, na semana seguinte, no próximo mês, no ano que vem! Pensando nisso, quando menos esperar estará fazendo planos para que elas aconteçam! Agindo dessa maneira, você desenvolve o hábito do otimismo.

Nenhum grande líder ou pessoa bem-sucedida jamais foi pessimista. O que poderia esse líder prometer a seus seguidores senão desespero e medo? Mesmo nos dias mais sombrios da Guerra Civil americana, líderes de ambos os lados — homens como Lincoln e Lee — conservaram a fé em dias melhores no futuro.

O otimismo natural de Franklin D. Roosevelt instilou um novo espírito de esperança em uma nação deprimida, afundada na Depressão. Até mesmo líderes infames — Hitler, Stalin, Mussolini, Mao — inspiraram seus seguidores com frases tipo "Amanhã, o mundo", "Nada temos a perder, exceto nossos grilhões", e "A nova Ásia".

Poderá alguém — vivendo sob o melhor sistema social, econômico e político da história humana — ter menos otimismo do que esses líderes?

Lembre-se, o semelhante atrai o semelhante nas relações humanas, qualquer que seja a regra no mundo físico. O otimista tende a conviver com otimistas, da mesma maneira que sucesso atrai mais sucesso. Os pessimistas, porém, alimentam preocupações e problemas sem pronunciar sequer uma palavra ou praticar um ato, porque sua atitude negativa atrai ainda mais negatividade.

O otimismo é em si uma espécie de sucesso, pois significa que você possui uma mente sadia, tranquila e contente. A pessoa extraordinariamente rica pode ser um fracasso fisicamente, se o pessimismo constante lhe deu úlceras.

O otimismo não é um estado mental que o leve a jogar fora a capacidade de julgar, na crença deslumbrada de que os acontecimentos futuros se resolverão sozinhos. Só os tolos pensam assim. O otimismo é, sim, a crença firme em que você pode fazer com que as coisas acabem bem, se planejar e decidir-se sobre um curso de ação baseado em bom juízo.

No auge do grande surto de atividade econômica de 1928 (e durante vários outros, desde então), houve falsos otimistas que se recusaram a acreditar que a bolha jamais pudesse estourar.

Ridicularizaram os "pessimistas" previdentes, que advertiam que os Estados Unidos estavam pisando em terreno perigosamente inflacionário e especulativo. Quando a terra lhes faltou sob os pés, os "otimistas" foram apanhados com as calças nas mãos. Muitos deles careciam de força espiritual para procurar vitória na derrota, e revelaram que eram, na verdade, pessimistas. Os que haviam olhado sem medo o futuro e honestamente se colocado em uma boa posição — vendendo a descoberto e adotando outros expedientes — conseguiram obter grandes lucros. Eles revelaram ser os verdadeiros otimistas.

Você também pode ser esse tipo de otimista. Aprenda a enfrentar o futuro de peito aberto. Analise-o. Pondere os fatores, julgando-os com clareza. Em seguida, decida o curso de ação que vai tomar, a fim de fazer com que as coisas acabem como quer. E irá descobrir que o futuro não esconde nada que você um dia precise temer.

SEMANA 31

Controle sua atitude mental

A atitude mental está sempre numa encruzilhada no caminho da vida. Ela pode tomar a estrada do sucesso ou a do fracasso. A única coisa que nos pode trazer sucesso ou fracasso, abençoar-nos com paz de espírito ou amaldiçoar-nos com o sofrimento durante todos os dias de nossa vida, é o direito que temos de assumir o controle de nossa mente e guiá-la para quaisquer fins que quisermos.

A atitude mental atrai para você pessoas dotadas de um espírito cordial de cooperação, ou as repele, dependendo se tiver uma atitude ser positiva ou negativa, *e você é a única pessoa que poderá determinar qual será ela.*

A atitude mental é o fator determinante — talvez o mais importante — dos resultados que obtemos com a oração. Só podemos esperar resultados positivos de preces apoiadas em uma atitude mental de fé profunda.

Ela é o cerne de toda a arte de vender, o que quer que seja que esteja sendo vendido — mercadorias, serviços pessoais, sermões ou qualquer outra ideia ou bens. O indivíduo com atitude mental negativa nada vende. Pode receber uma encomenda de alguém que lhe compra alguma coisa, mas pode ter certeza que *nenhuma venda foi feita.* Talvez você tenha visto essa verdade demonstrada em lojas de varejo, onde a mente dos vendedores não estava evidentemente dirigida para o desejo de agradar ao cliente.

O vendedor bem-sucedido condiciona sua atitude mental antes de entrar em contato com o cliente potencial, visualizando-se fazendo a venda. Reconhece que, se vende ao comprador potencial, tem, primeiro, que vender a si mesmo, através de atitude mental positiva.

A atitude mental controla, na maior parte, o espaço que ocupamos na vida, o sucesso que obtemos, os amigos que fazemos e as contribuições que damos à posteridade. W. E. Henley, o poeta, deve ter compreendido essa grande verdade quando escreveu: "Eu sou o senhor de meu destino, o comandante de minh'alma." Realmente, podemos nos tornar os comandantes de nosso destino mundano exatamente na medida em que assumimos o controle de nossa mente e a dirigimos para objetivos claros, através da atitude mental que adotarmos.

Sua atitude mental pode ser controlada por certo número de fatores, entre os quais estão:

- O desejo ardente de atingir um dado objetivo, condicionado por um ou mais dos motivos básicos que ativam toda iniciativa humana. Os três principais entre eles são o amor, o sexo e o desejo de ganho financeiro.
- Estreita associação com pessoas de mente positiva, que o inspirem a pensar e agir em termos de atitude mental positiva.
- Autossugestão, através da qual damos diretrizes claras e constantes à mente, até que ela atraia apenas aquilo que

essas diretrizes exigem. Esse procedimento deve ser executado tanto silenciosamente quanto em voz alta, a fim de convencer a mente subconsciente.

- Oração diária, na qual manifestamos gratidão pelas bênçãos que já recebemos — em vez de pedir mais — e pedimos por mais sabedoria, para que possamos fazer melhor uso das riquezas que já possuímos. Este hábito é, talvez, o mais importante, porque fortalece os plenos poderes de nossa fé religiosa e pode nos conduzir a servir a quaisquer fins que escolhermos.

Você tem dentro de si um gigante adormecido, que você pode despertar e dirigir para realizar qualquer serviço que deseje. Quando acordar certa manhã e descobrir que está sendo levado pela luz do sucesso, vai se perguntar por que não descobriu antes que possuía em si tudo o que era necessário para ser tão bem-sucedido na vida.

SEMANA 32

O valor do pensamento positivo

Será que uma atitude mental negativa está bloqueando seu caminho para o sucesso? Se está, chegou a hora de mudar.

O indivíduo de mente negativa considera como insuperável qualquer problema ou obstáculo. O de mente positiva não só descobre maneiras de superá-los, como, na verdade, transforma-os em degraus para o sucesso.

Na Louisiana, uma grande porção de terra posta à venda produziu apenas duas ofertas, uma delas do dono das terras vizinhas, o qual ofereceu pouco porque grande parte da terra era coberta de bambuais, o que, segundo ele, tornava-a praticamente sem valor. O outro candidato ofereceu duas vezes mais. Comprou a terra, transformou os bambus em caniços de pesca e vendeu-os por preço suficiente para pagar a compra!

A mente positiva, portanto, atrai oportunidades de sucesso, enquanto a negativa as repele — e nem mesmo as aproveita quando surgem.

Woolworth começou como vendedor em uma loja de ferragens. O inventário anual revelou que a loja tinha um estoque de milhares de dólares de mercadorias fora de moda e praticamente inúteis.

— Vamos fazer uma liquidação — sugeriu ele ao proprietário — e vender toda essa mercadoria velha.

O dono rejeitou a ideia. Woolworth, porém, era persistente, como sempre acontece com pessoas de atitude mental positiva. Continuou a insistir com o proprietário até que os dois decidiram que o plano podia ser testado com alguns dos itens mais velhos.

Uma longa mesa foi estendida de um lado a outro da loja e nela colocadas as mercadorias, todas ao custo de dez centavos de dólar. Venderam tão rápido que Woolworth teve permissão para tentar uma segunda liquidação, que também teve o mais completo êxito.

Em seguida, propôs ao proprietário fazer sociedade em uma loja na qual todas as mercadorias custariam apenas cinco ou dez centavos de dólar, fornecendo ele a administração, e o proprietário da loja, o capital.

— Não! — berrou o proprietário. — Esse plano nunca dará certo, porque você nunca encontrará mercadorias suficientes para vender a esse preço.

Woolworth foi em frente sozinho, acumulou uma fortuna e iniciou a rede de lojas que lhe levam o nome. Falando do negócio anos depois, o velho patrão de Woolworth disse tristemente:

— Até onde posso calcular, cada palavra que usei recusando a proposta de Woolworth me custou cerca de um milhão de dólares.

A atitude mental negativa inclui numerosos traços correlatos — medo, indecisão, dúvida, procrastinação, irritabilidade e raiva — que repelem pessoas e afastam oportunidades favoráveis.

A atitude mental positiva traz fé, entusiasmo, iniciativa pessoal, autodisciplina, imaginação, clareza de intenção, que atraem pessoas e oportunidades benéficas.

De que maneira podemos manter uma atitude mental positiva? Pensando e agindo na parte "eu consigo fazer isso" de todos os planos ou intenções e recusando-se a aceitar a parte "eu não consigo", que pode ser encontrada em quase todo empreendimento.

Deixe que os hábitos trabalhem por você

Todos os sucessos e fracassos são resultado de hábitos que formamos. Há dois tipos de hábitos — os que desenvolvemos deliberada e voluntariamente, com um claro fim em vista, e os que permitimos que se formem ao acaso na vida, por falta de uma filosofia bem definida. Ambos os tipos funcionam automaticamente, tão logo os aceitamos, e são diretamente controlados pela grande lei universal que denominamos de "força cósmica do hábito".

A força cósmica do hábito é a controladora geral, através da qual a Natureza dirige a aplicação de todas as suas leis. Através dela, mantém a relação existente entre átomos, estrelas e planetas, estações do ano, doença e saúde, vida e morte. O modo de manutenção da natureza é sistemático, automático e organizado. Estrelas e planetas movem-se com absoluta sincronia e precisão, cada um deles mantendo seu devido lugar no tempo e no espaço.

O carvalho nasce de uma bolota — sempre — e o pinheiro da semente de uma árvore-mãe. Todos sabemos que a Natureza jamais comete um erro e faz um pinheiro brotar de uma bolota ou um carvalho de uma semente de pinheiro. Estes fatos todos nós podemos ver. Mas reconhecemos que eles não acontecem simplesmente por acaso? Alguma coisa tem que fazer com que aconteçam! Essa alguma coisa é o mesmo poder que fixa hábitos e os torna permanentes. O Criador permite apenas ao homem o privilégio de fixar seus hábitos, de modo a conformá-los a seus desejos.

Somos governados por hábitos, todos nós! Eles são tornados inerentes a nós por repetição de nossos pensamentos e atos. Por conseguinte, podemos controlar nosso destino terreno e nosso estilo de vida na medida em que controlamos os pensamentos. Temos que dirigi-los a fim de formar os hábitos de que precisamos e que desejamos. Bons hábitos que levam ao sucesso podem ser implantados e usados por qualquer pessoa. Os maus podem ser rompidos e substituídos à vontade, também por qualquer pessoa.

Os hábitos de todas as criaturas vivas, com exceção do homem, são fixados pelo que chamamos de *instinto.* Este fato lhes cria limitações, das quais não podem escapar. O Criador deu apenas aos seres humanos o controle total, indisputável, sobre o poder do pensamento, e com esta dádiva vieram os meios para processar o poder do pensamento e de dirigi-lo para qualquer fim desejado. O Criador deu-nos também outro privilégio, mediante o qual os pensamentos tendem a adotar a roupagem de sua semelhança e equivalência física — isto é: aquilo em que pensamos acontece.

Esta, portanto, é uma profunda verdade. Com ela, podemos abrir as portas para a sabedoria e levar uma vida organizada. Podemos controlar os fatores necessários ao sucesso. São grandes as recompensas àqueles que assumem o comando de seu poder mental e o dirigem para objetivos claros. Mas são igualmente grandes as penalidades por se omitirem neste particular.

A força cósmica do hábito não faz milagres, nenhuma tentativa faz de criar alguma coisa do nada, e ainda menos sugere o curso que o indivíduo deve seguir. Mas de fato ajuda — até mesmo obriga — o indivíduo a agir natural e logicamente para converter pensamentos em ações.

Quando começar a reorganizar seus hábitos e formar novos, comece com o hábito do sucesso. Coloque-se sob a luz do sucesso, concentrando seus pensamentos diários em qualquer coisa que desejar. No devido tempo, esses novos hábitos-pensamentos o levarão, sem erro, à fama e à fortuna.

SEMANA 34

Pense com exatidão

O poder de seu pensamento é a única coisa sobre a qual você exerce controle absoluto. A fim de usá-lo com eficácia, você tem que pensar com precisão.

Pensadores exatos jamais permitem que alguém pense por eles.

Indivíduos bem-sucedidos adotam um sistema claro, através do qual tomam com precisão suas decisões. Reúnem informações e pedem opiniões de outras pessoas, embora, em última análise, reservem para si mesmos o direito de tomar as decisões.

O pensamento exato baseia-se em dois pontos fundamentais: pensamento indutivo, baseado na suposição da existência de fatos desconhecidos, ou hipóteses quando não dispomos dos fatos, e raciocínio dedutivo, baseado em fatos conhecidos ou no que supomos que são fatos.

O pensador exato dá sempre dois passos importantes. Em primeiro lugar, separa os fatos da ficção ou boatos que não podem ser confirmados. Em segundo, classifica-os em dois grupos — importantes e banais. O fato importante é aquele que pode ser usado com proveito para alcançarmos nosso objetivo. Todos os demais são triviais.

É uma tragédia que tantas pessoas baseiem seu pensamento em boatos irrelevantes ou em fatos sem importância, que só podem levar ao sofrimento e ao fracasso. O pensador exato reconhece que algumas "opiniões" nenhum valor têm, são mesmo perigosas, se aceitas como exatas, porque se baseiam em preconceitos, tendenciosidade, intolerância, egoísmo, medo ou mero palpite.

O pensador exato não dá ouvidos à pessoa que começa uma conversa com a surrada expressão "Eu ouvir dizer...", porque sabe que não vai ouvir nada que preste, mas apenas conversa-fiada O pensador exato sabe que nenhuma pessoa responsável expressa uma opinião sobre qualquer assunto, a menos que fundamentada em fatos confiáveis. Essa regra elimina, como sem valor, grande parte do denominado "raciocínio" da vasta maioria das pessoas.

O pensador exato reconhece que o "conselho gratuito" — oferecido voluntariamente por amigos ou não — talvez não valha a pena sequer considerar. Se quer conselho, o pensador exato procura uma fonte confiável, e paga pelo conselho, de um modo ou de outro. Sabe que nada de valor é obtido sem reciprocidade.

Pensadores exatos sabem que as emoções nem sempre merecem confiança. Protegem-se delas examinando-as e ponderando-as com todo o cuidado, através do poder da razão e das regras da lógica.

James B. Duke carecia de escolaridade formal e nunca aprendeu a escrever, mas desenvolveu um agudo senso de exatidão no pensamento, que o tornou um dos homens mais ricos do mundo. Não perdia tempo discutindo consigo mesmo banalidades ou fatos sem importância. Tomava rapidamente decisões, depois de reunir os fatos.

Certo dia, encontrou um velho amigo que ficou chocado ao saber que ele pensava em abrir duas mil tabacarias.

— Meu sócio e eu — disse o amigo, — já temos problemas mais do que suficientes com apenas duas lojas, e você está pensando em abrir duas mil. Isso é um erro, Duke.

— Erro! — exclamou Duke. — Eu cometi erros a vida toda, e se há uma coisa que me ajudou foi o fato de que, quando cometo um, nunca paro para me lamentar. Simplesmente sigo em frente e cometo mais alguns.

E assim Duke seguiu em frente com sua rede de tabacarias, que acabaram passando a render, semanalmente, milhões de dólares. Ele doou dinheiro suficiente para construir a Duke University, e isto foi apenas uma pequena fração da riqueza que acumulou com a disposição de tomar decisões rápidas, exatas, algumas das quais deram certo.

Elbert Hubbard definiu certa vez o executivo como "um homem que toma um bocado de decisões, algumas das quais dão certo".

Obviamente, pensamento exato exige autodisciplina da mais alta ordem, características estas estreitamente inter-relacionadas. Decisões oportunas e exatas são as pedras fundamentais mais importantes do sucesso em todas as situações de vida. E elas não são possíveis sem autodisciplina corajosa e honesta.

SEMANA 35

Cultive uma visão criativa

Você tem à sua disposição o poder da imaginação sob duas formas diferentes. A primeira é a imaginação sintética, que consiste da combinação de ideias, conceitos, planos ou fatos conhecidos, organizados de uma nova maneira. A segunda é a imaginação criativa. Esta opera através do sexto sentido e serve como meio pelo qual novos fatos e ideias são revelados. É também o meio usado pela inspiração.

Thomas Edison utilizou a imaginação sintética para inventar a lâmpada incandescente ao reunir, de uma nova maneira, dois princípios bem conhecidos. Muito antes do tempo de Edison, sabia-se que a luz podia ser produzida pela eletricidade, aplicando-se essa energia a um fio e provocando um curto-circuito. Mas ninguém descobrira ainda um meio de evitar que o metal queimasse rapidamente.

Edison aplicou o princípio mediante o qual carvão vegetal é produzido, ou seja: é ateado fogo à madeira, em seguida o fogo é coberto por terra, de modo que apenas oxigênio suficiente possa chegar ao fogo, a fim de mantê-lo queimando com fogo baixo, mas não em chamas. Tirando o palpite do princípio de que nada pode queimar sem oxigênio, Edison colocou um fio em uma garrafa e extraiu todo o ar. Em seguida, aplicou eletricidade aos fios que se projetavam, e nasceu a lâmpada incandescente.

O Dr. Elmer R. Gates, de Chevy Chase, Maryland, dá-nos também um bom exemplo de imaginação criativa. Ele, aliás, é creditado por mais patentes do que Edison. A maioria delas foi aperfeiçoada graças à aplicação do sexto sentido, que desenvolveu em alto grau.

Trancando-se em uma sala à prova de som e apagando todas as luzes, o Dr. Gates conseguia eliminar todas as distrações, de modo que podia concentrar-se em receber a informação que desejava. Quando a informação lhe chegava através do sexto sentido, acendia as luzes e imediatamente punha as ideias no papel. Estranhamente, às vezes desenvolvia ideias que não estivera procurando, fato este em grande parte responsável por um enorme número de invenções que aperfeiçoou.

Nossos cinco sentidos físicos nos põem em contato com o mundo físico e nos informam sobre sua natureza e usos. O sexto sentido, porém, que opera através da parte subconsciente da mente, põe-nos em contato com as forças invisíveis do universo. E nos fornece conhecimentos que não poderíamos obter de outra maneira.

O sexto sentido da visão criativa toma-se mais confiável se usado de forma sistemática e regular — exatamente como acontece com os cinco sentidos físicos. Todas as pessoas altamente bem-sucedidas têm algum sistema para condicionar a mente. Algumas fazem isso *sem saber o que estão fazendo.*

E foi a visão criativa que resultou na construção do luxuoso Fontainebleau Hotel, em Miami Beach.

O hoteleiro Ben Novack chegou a Miami em 1940 com apenas mil e oitocentos dólares no bolso e o sonho de construir um belo hotel, que seria conhecido em todo o mundo pelo conforto e pela atmosfera relaxante que ofereceria. Administrando com prudência seus escassos recursos e com o entusiasmo com que apresentou o plano a financiadores, Novack pôs a visão criativa a trabalhar e, concentrando-se em um objetivo claro, transformou o sonho em realidade.

Clarence Birdseye, um caçador de peles de Labrador, provou certa vez um pouco de repolho que havia sido acidentalmente congelado. Dessa experiência, veio-lhe a ideia de vender os alimentos congelados que lhe levam o nome.

Estará você fazendo com que seus sonhos trabalhem por você, através dá visão criativa, como fizeram Ben Novack e Clarence Birdseye?

Uma maneira muito eficaz de usar o sexto sentido consiste em redigir uma descrição clara e concisa do problema que quer solucionar ou do objetivo que pretende alcançar. Repita esse procedimento várias vezes por dia, sob forma de oração. A oração deve fundamentar-se em uma fé tão clara e forte que você já seja capaz de se ver como se já tivesse alcançado o objetivo.

Se no começo este método não traz os resultados desejados, continue a tentar. Em todas as ocasiões, manifeste gratidão, como se já tivesse alcançado o objetivo, mesmo que ele não tenha entrado ainda em sua posse física.

A chave mestra para o sucesso reside em sua capacidade de acreditar que vai ter sucesso. Lembre-se, o que quer que sua mente possa conceber e acreditar, ela pode realizar.

SEMANA 36

Concentração

As pessoas mais bem-sucedidas adquiriram o hábito de se concentrar em uma única coisa de cada vez, em vez de dispersar seus esforços em muitos campos diferentes.

Se tiver fracassado, concentre-se na busca de suas causas, enfrentando honestamente os fatos, e estará seguro contra a repetição do erro.

Não se concentre em fabricar um álibi para escapar da responsabilidade pelo fracasso ou para tentar pôr a culpa em alguma outra pessoa. Isto produz exatamente o mesmo efeito que uma oração pedindo o fracasso, porque o torna vulnerável à lei do retorno.

Além do mais, a concentração irá ajudá-lo a adquirir outro ativo valioso — uma memória confiável.

Um conhecido escritor foi convidado por uma revista de circulação nacional a escrever um artigo baseado em uma entrevista com Frank Lloyd Wright. A entrevista durou duas horas. O famoso arquiteto, porém, ficou aborrecido porque o entrevistador não tomou nenhuma nota, e quis saber o motivo disso.

— Estou tomando notas — respondeu o escritor — em uma memória que foi treinada para assim proceder, sem papel nem lápis.

No dia seguinte, Wright recebeu uma transcrição exata de quase todos os detalhes da entrevista. Para sua grande surpresa, não encontrou uma única palavra que quisesse mudar.

O hábito de concentração ajuda-o não só a escutar bem, mas a lembrar-se do que vê e ouve. A principal razão por que muitas vezes achamos difícil lembrar o nome de uma pessoa, apenas dois minutos depois de lhe termos sido apresentados, reside em nossa falha em concentrar a atenção no nome, quando dito pela primeira vez.

James A. Farley, segundo se diz, tinha uma memória quase perfeita para lembrar-se dos nomes das pessoas que conhecia. Usava um sistema. Quando era apresentado a alguém, pedia à pessoa que soletrasse seu nome. Ou então ele mesmo o repetia e soletrava depois de tê-lo ouvido, e pedia à pessoa que o corrigisse, se errasse.

Ou, como aconselhou certa vez Andrew Carnegie: "Ponha todos os seus ovos na mesma cesta. Em seguida, fique por perto para evitar que alguém a vire com um chute." Através dessa concentração, ele construiu a United States Steel Corporation.

Todos os que alcançam alto grau de sucesso começam geralmente concentrando todos os seus esforços em um único objetivo. Permanecem no mesmo caminho até chegarem ao destino. Depois disso, podem escolher quaisquer outros caminhos, estabelecendo novas metas.

O que me diz de seus hábitos de concentração? Você sabe exatamente o que quer na vida? Tem um plano claro para conseguir isso? Se tem, seu passo seguinte consiste em concentrar-se na meta e no plano com tal vigor que nenhum obstáculo possa lhe bloquear o caminho.

Lembre-se, suas únicas limitações são as que você mesmo estabelece na mente. Concentre-se em dominá-las e nada poderá detê-lo.

SEMANA 37

O progresso exige mente aberta

A mente aberta é uma mente livre.

Se a fecha a novas ideias, conceitos e pessoas, tranca também a porta que lhe aprisiona a própria mentalidade.

A intolerância é uma faca de dois gumes, que no retorno corta as oportunidades e as linhas de comunicação. Quando abre a mente, você dá à imaginação liberdade de agir por você — e desenvolve visão.

É difícil compreender agora que, há um século, havia gente que ria dos experimentos de voo dos irmãos Wright. E não faz tanto tempo assim que Lindbergh lutou para conseguir apoio para seu voo transatlântico. Quando pessoas de visão prediziam que ele voaria até a Lua, algumas duvidavam que sequer o voo transatlântico pudesse ser feito. Hoje, os escarnecedores é que são objeto de zombaria.

A mente fechada é sinal de personalidade estática. Deixa que o progresso passe por si não utilizado e por isso mesmo nunca aproveita as oportunidades que o progresso oferece.

Só com a mente aberta é que você poderá compreender o pleno impacto da primeira regra da ciência do sucesso: O que quer que a mente do homem possa conceber e acreditar, ela pode realizar. O indivíduo abençoado com uma mente aberta faz milagres nos negócios, na indústria e em todas as profissões, enquanto o tolo de mente fechada continua a gritar: "Impossível!"

Seria bom que você fizesse um inventário de si mesmo. Está você entre aqueles que dizem "eu consigo" e "será feito", ou se inclui no grupo que diz "ninguém consegue", no exato momento em que alguém está justamente fazendo o impossível?

A mente aberta exige fé — em você mesmo, em seus semelhantes e no Criador que fundiu o modelo de progresso para nós e para o universo.

Os dias de superstição acabaram. A sombra do preconceito, porém, continua tão escura quanto antes. Você pode sair para a luz analisando atentamente sua personalidade. Suas decisões são tomadas com base na razão e na lógica, ou nas emoções e em preconceitos? Você escuta com cuidado, atento, pensativo, os argumentos dos demais? Procura fatos, e não boatos e rumores?

A mente humana murcha, a menos que mantenha contato constante com a influência estimulante de novos pensamentos. Os que usavam técnicas de lavagem cerebral durante a guerra sabiam que a maneira mais rápida de quebrar a vontade de um homem era lhe isolar a mente, mantendo-a longe dos livros, dos jornais, do rádio, da televisão e de outros canais normais de comunicação intelectual. Nessas circunstâncias, o intelecto morre por falta de alimento. Só a mais forte vontade e a mais pura fé poderão salvá-lo.

Será possível que você tenha aprisionado a mente em um cerco social e cultural? Submeteu-se a uma autolavagem cerebral, isolando-se de ideias que poderiam levá-lo ao sucesso?

Se fez isso, é tempo de afastar as grades do preconceito, que lhe aprisionam o intelecto. Abra a mente e liberte-a!

Os benefícios do fracasso

O fracasso torna-se às vezes um benefício, quando afasta o indivíduo de objetivos que lhe trariam vergonha ou mesmo a destruição, se levados a cabo. Frequentemente, abre novas portas de oportunidades e proporciona conhecimentos, de primeira mão, das realidades da vida. Desnuda os defeitos e cura indivíduos vaidosos de sua empáfia.

Os britânicos sofreram grave derrota e fracasso quando Lorde Cornwallis rendeu-se aos americanos, o que levou à liberdade das colônias. Mas, sem essa liberdade, os Estados Unidos não teriam a força que usaram para salvar o Império Britânico da destruição durante a Primeira e a Segunda Guerras Mundiais.

A Guerra Civil americana empobreceu os estados do Sul durante várias décadas. A lei da compensação está agora equilibrando o orçamento naquela velha dívida, ao transferir com tal rapidez indústrias do Norte para o Sul que os moradores da região estão recebendo juros compostos pelo tributo, em orgulho e posses, cobrado pela guerra.

O anjo da guarda da indenização do pós-guerra tem um coração muito grande e uma excelente memória, além de um maravilhoso sistema de contabilidade: mais cedo ou mais tarde, todas as dívidas têm que ser pagas e todos os equívocos corrigidos, não só entre indivíduos como também entre comunidades.

Achei que havia sofrido um prejuízo irreparável quando meu nome não apareceu no testamento de um tio-avô rico, que deixou sua fortuna a parentes mais próximos. Mas esse fato acabou por se tornar um dos grandes benefícios que tive, através da derrota e do fracasso. Não ter recebido nada desse dinheiro obrigou-me a traçar meu próprio destino econômico e, ao assim proceder, tive a sorte de descobrir, e abrir para pessoas em todo o mundo, o caminho para o sucesso.

A má saúde desvia algumas vezes a atenção dada pelo indivíduo ao corpo e transfere-a para o cérebro, revelando assim quem é o verdadeiro "líder" do corpo — a mente —, e abre largos horizontes de oportunidade que, de outra maneira, teriam permanecido ocultos.

Em geral, o fracasso afeta as pessoas de duas maneiras: serve como desafio a um esforço ainda maior ou as domina e desencoraja a tentar novamente.

A maioria das pessoas renuncia à esperança e desiste ao primeiro sinal de fracasso, antes mesmo que ele aconteça. E uma grande porcentagem desiste quando passa por um único fracasso, por banal que seja. O líder em potencial nunca é dominado pelo fracasso, mas sim inspirado a fazer um esforço ainda maior.

Observe suas reações ao fracasso e saberá se tem potencial de liderança. Se pode continuar a tentar depois de três fracassos em uma dada atividade, pode considerar-se candidato a uma função de liderança em sua presente ocupação. Se puder continuar a tentar após uma dezena de fracassos, a semente do gênio está nascendo dentro de você. Dê-lhe o sol da esperança e da fé e observe-a crescer e transformar-se em grandes realizações pessoais.

Parece que a Natureza derruba as pessoas com o golpe da adversidade para saber quem entre elas se levantará e voltará à luta.

O mundo perdoa de maneira generosa nossos erros e derrotas temporárias, contanto que os aceitemos como um desafio para continuar a tentar, mas não perdoa o pecado de desistir quando a estrada se toma difícil.

SEMANA 39

Aprenda com a derrota

Todas as adversidades, todos os fracassos e todas as experiências desagradáveis trazem consigo a semente de um benefício equivalente, que talvez seja uma bênção disfarçada.

O fracasso e a derrota são a linguagem comum com que a Natureza fala a todas as pessoas e as obriga a desenvolver espírito de humildade, para que possam adquirir sabedoria e compreensão.

Um sábio disse certa vez que seria impossível viver com uma pessoa que nunca houvesse fracassado ou sido vencida em algum de seus propósitos. Esse mesmo homem descobriu que as pessoas têm sucesso quase na exata proporção com que enfrentam e se recuperam dos golpes da adversidade e da derrota.

E fez outra importante descoberta. Os sucessos realmente grandes foram obtidos por pessoas que haviam passado dos cinquenta anos, e manifestou a opinião de que a idade mais produtiva dos que faziam trabalho mental era entre os sessenta e os setenta anos.

Abraham Lincoln perdeu a mãe quando era muito jovem. "Não houve semente de nenhum benefício equivalente nesse fato", poderiam dizer algumas pessoas. A perda, porém, trouxe-lhe uma madrasta cuja influência encheu-o da ambição de educar-se e crescer na vida.

No grande incêndio de Chicago, Marshall Field perdeu sua loja de varejo e quase todo o dinheiro que tinha. Apontando para as cinzas fumegantes, disse:

— Neste mesmo lugar vou construir a maior loja de varejo do mundo.

A grande Marshall Field and Company, ora situada na esquina das ruas State e Randolph, em Chicago, confirma que há uma semente de benefício equivalente em toda adversidade. Às vezes, é preciso coragem, fé e imaginação para que a semente se mostre e termine na flor plenamente desabrochada do benefício, mas ela existe sempre.

Veja, por exemplo, o caso de Michael L. Benedum, que, em seus oitenta e seis anos, era o maior prospector independente de petróleo, dono de uma fortuna pessoal de centenas de milhões de dólares.

Pergunte-lhe o segredo de seu sucesso, e Mike Benedum lhe dirá:

— Eu aprendi a seguir em frente quando a estrada se tornava acidentada.

— Ele, por exemplo, mal havia feito sua primeira fortuna quando seguiu o mau conselho de alguém e perdeu até a camisa. Mas Benedum transformou a derrota em vitória, aprendendo uma lição excepcional: confiar em sua própria capacidade de julgamento nos casos de decisões cruciais. Consequentemente, "seguiu em frente" e descobriu novas reservas petrolíferas, as quais excederam o total do petróleo usado em toda a história.

A adversidade atingiu-o novamente quando fracassou na tentativa de descobrir reservas economicamente produtivas de petróleo nas Filipinas. Benedum reagiu, dizendo:

— Tudo isso faz parte do jogo. Não podemos encontrar petróleo em todo lugar. Se pudéssemos, não haveria prospecção em áreas em que se desconhece a existência do produto.

A sociedade americana transborda de exemplos de pessoas que conseguiram fama e fortuna ao vencer a adversidade. Nem mesmo padecimentos e limitações físicas constituem necessariamente obstáculos — como provam os casos de Franklin D. Roosevelt, Theodore Roosevelt, Helen Keller e Thomas Edison.

Aprenda com a derrota, como aprendeu Richard M. Davis, de Morgantown, Virgínia Ocidental, que lutou para chegar ao topo no negócio de mineração de carvão e, em seguida, perdeu tudo, incluindo sua casa e móveis, na Grande Depressão. Descobriu ele que sua reputação, que conseguira salvar recusando-se a ir à falência, era seu maior ativo. Com ela, apenas, venceu o desafio da adversidade e pagou todas as dívidas.

Davis acabou presidente da Davis-Wilson Coal Company, de Morgantown, e, além de possuir grande riqueza, tornou-se um dos líderes mais conhecidos na luta pela paz internacional.

Você também pode ser iluminado pelo brilho do sucesso, aprendendo a descobrir a semente de um benefício equivalente em cada um dos reveses que enfrentar, e construindo sobre ela.

Dois importantes fatos da vida destacam-se vivamente. O primeiro, que a derrota, sob alguma forma, inevitavelmente nos chega em uma ou outra ocasião. O segundo, que a adversidade traz consigo a semente de um benefício equivalente, não raro de forma disfarçada.

Com base na análise desses dois fatos, não é difícil reconhecer que é intenção do Criador nos dar força, compreensão e sabedoria através da luta. Adversidade e derrota podem levar-nos a desenvolver nossa inteligência e a continuar batalhando.

Para nós muitas vezes é difícil reconhecer o potencial de um benefício equivalente na adversidade que nos atinge, enquanto afundamos em autopiedade. O tempo, porém, o maior de todos os médicos, revelará o potencial àqueles que sinceramente o buscam e acreditam que o acharão.

SEMANA 40

Domine o medo para chegar à sua meta

O medo é o maior obstáculo a nos isolar do sucesso.

Com uma frequência grande demais, deixamos que o medo governe todos os nossos atos e decisões. Ansiamos única e exclusivamente por segurança.

O indivíduo realmente bem-sucedido não pensa nesses termos. Baseia o raciocínio nos fundamentos da criatividade e produtividade. Ou, como disse certa vez o presidente Dwight Eisenhower: "O homem pode obter alto grau de segurança em uma cela de prisão, se é isso o que quer na vida." O indivíduo bem-sucedido é aquele que está disposto a assumir riscos, quando o bom raciocínio demonstra que são necessários.

Todos nós temos medo. Mas o que é o medo? Uma emoção que se destina a nos preservar a vida, avisando-nos de um perigo. Por isso mesmo, pode ser um benefício, quando hasteia a bandeira da cautela, levando-nos a parar e estudar a situação, antes de tomarmos uma decisão e iniciarmos a ação.

Mas precisamos controlá-lo, e não deixar que ele nos controle. Uma vez que tenha servido à sua finalidade como sinal de aviso, não podemos admitir que ele penetre o raciocínio lógico, com o qual decidimos um curso de ação.

As famosas palavras de Franklin D. Roosevelt, "Nada temos a temer, exceto o próprio medo", são tão aplicáveis agora quanto no momento em que ele as pronunciou, durante a Grande Depressão.

De que maneira podemos dominar nossos medos? Olhando-os cara a cara e dizendo, conscientemente: "Não estou com medo." Em seguida, perguntando a nós mesmos: "Do quê?" Com essa única pergunta, você começa a analisar a situação que enfrenta. Está na estrada da razão, que o levará a contornar o obstáculo emocional do medo.

O passo seguinte consiste em estudar o problema de todos os ângulos. Quais os riscos? O prêmio esperado vale o risco? Quais os outros possíveis cursos de ação? Que problemas provavelmente encontrarei? Tenho em mãos todos os dados necessários, estatísticas e fatos? O que outros fizeram em situações semelhantes, e quais foram os resultados?

Uma vez completado sua análise, faça alguma coisa — imediatamente! A procrastinação só leva a mais dúvida e medo.

Um famoso psicólogo disse certa vez que um indivíduo sozinho à noite, imaginando que ouve ruídos, pode eliminar rapidamente o medo. Tudo o que tem que fazer é pôr um pé no chão. Ao fazer isso, ele dá o primeiro passo em um curso positivo de ação para dominar o medo. O indivíduo que busca o sucesso deve forçar-se a agir da mesma maneira para controlar o medo, dando o primeiro passo para sua meta.

Lembre-se de que ninguém percorre sozinho a estrada da vida. Uma das garantias mais consoladoras — e mais verdadeiras — que nos é dada, nós a encontramos na Bíblia: "Não temais, porque estou sempre convosco."

A fé nessas palavras nos dará força espiritual para enfrentar qualquer situação.

SEMANA 41

Discipline-se para o sucesso

Benjamin Disraeli, um dos maiores primeiros-ministros da Inglaterra, ascendeu a esse alto cargo graças ao puro poder da vontade, dirigido por uma clara intenção. Iniciou a vida como escritor, mas pouco conseguiu nesse campo. Publicou uma dezena ou mais de livros, nenhum dos quais produziu grande impressão nos leitores. Fracassando nesse campo, aceitou a derrota como desafio para um esforço maior em outra direção. Ingressou na política com a mente concentrada em tornar-se primeiro-ministro do Império Britânico, que se estendia por toda a Terra.

Em 1837, elegeu-se para o Parlamento por Maidstone, e o primeiro discurso que nele fez foi unanimemente considerado como um total fracasso. Mais uma vez, aceitou a derrota como um desafio para tentar de novo. Continuando a lutar, jamais pensando em desistir, tornou-se líder da Câmara dos Comuns em 1858, e, mais tarde, chanceler do erário. Em 1868, tornou realidade seu claro objetivo: tornou-se primeiro-ministro.

Nesse cargo, enfrentou oposição acirrada (sua época de provação estava próxima), que o levou a renunciar. Mas, muito longe de aceitar essa derrota temporária como um fracasso, deu a volta por cima e foi escolhido como primeiro-ministro pela segunda vez, depois do que tornou-se o grande construtor de um império que estendia sua influência em muitas direções.

Quando a viagem se tornava acidentada, Disraeli explorava ao máximo sua força de vontade, que o sustentou durante as emergências das derrotas temporárias e o levou à vitória. Ao sumariar seus êxitos em uma curta frase, disse: "O segredo do sucesso é a constância na finalidade!"

Com muita frequência, pessoas desistem ao surgirem problemas, quando, muitas vezes, um *único passo a mais* as teria levado triunfantes à vitória. Há uma única regra irrevogável para dominar as mágoas e desapontamentos: é a transmutação dessas frustrações emocionais através de planejamento claro. E uma regra sem igual.

Os hábitos de pensamento estão sujeitos a seu controle e autodisciplina. E são as únicas coisas em sua vida sobre as quais você exerce controle absoluto. Este direito traz consigo grande responsabilidade, porque é o único direito que determina, mais do que qualquer outro, a posição que você ocupará na vida. Se este direito for negligenciado por omissão em formar voluntariamente hábitos destinados a levá-lo ao atingimento de metas claras, então, circunstâncias da vida fora de seu controle farão isso por você, e que trabalho extraordinariamente medíocre elas fazem às vezes!

Se formar os hábitos mentais que deseja, eles o levarão à realização de qualquer objetivo que esteja ao alcance de suas forças. Ou você pode permitir que circunstâncias incontroláveis da vida os formem para você e o levem inexoravelmente para a margem do fracasso no grande rio da vida.

Explore todo o potencial da vontade e assuma o controle completo de sua vida. A mente lhe foi dada como serva para executar seus desejos. Ninguém pode nela entrar ou influenciá-la, até mesmo no menor grau, sem seu consentimento e cooperação. Explore esse poder e use-o para servir às suas necessidades.

Liberdade de corpo e mente, independência e segurança econômica são resultados de iniciativa pessoal manifestada através de autodisciplina. De nenhuma outra maneira esses desejos, universais, podem ser garantidos.

Você *está onde está e é o que é por causa de seus hábitos mentais!*

SEMANA 42

Vamos deixar de transformar nossos filhos em fracassos

Fala-se muito nestes dias em delinquência juvenil e nos problemas da juventude. Eu gostaria de lhes contar a história de um jovem-problema e como ele foi orientado para atividades úteis. Eu fui esse delinquente juvenil.

Meu pai era um homem muito religioso. Éramos dois irmãos, e eu, o mais velho, tinha uma mente independente que desafiava todo esforço de meu pai de me "reformar". Nossa mãe falecera anos antes.

Eu gostava de armas de fogo e tinha duas pistolas escondidas em ocos de árvores em nossas terras, nas montanhas do sudoeste da Virgínia. Por causa de queixas dos vizinhos, meu pai saiu à procura delas e as destruiu com uma marreta.

Eu gostava de música *country* e tinha um banjo que tocava às escondidas. As convicções religiosas de meu pai, porém, eram igualmente contrárias a isso. Ele procurou o banjo, até achá-lo e destruí-lo também.

Mesmo dançar era proibido. Mas, de vez em quando, eu conseguia tomar um cavalo "emprestado" quando meu pai dormia e comparecia a bailes na aldeia.

Como resultado de tudo isso, minhas visitas ao telheiro de lenha da família eram frequentes e terríveis. Mas cada encontro nesse santuário de horrores me tornava ainda mais disposto a violar as regras, todas as vezes que pudesse. Eu estava bem adiantado no caminho para me tornar um rebelde completo contra todas as regras da sociedade.

O que me salvou foi a decisão de meu pai de voltar a se casar. A madrasta que ele trouxe para nossa cabana na montanha era uma mulher maravilhosa, bondosa e compreensiva. Ela me comprou um novo banjo e me ajudou mesmo a aprender a tocá-lo melhor. Em uma loja de vendas pelos correios, comprou duas reluzentes pistolas niqueladas de tiro ao alvo — uma para ela e a outra para mim. Passamos muitas horas felizes juntos, enquanto ela me ensinava a escolher alvos inócuos, e não mais as galinhas e vacas dos vizinhos.

Tendo conquistado minha confiança e amor pela ajuda que me dava para que eu fizesse as coisas que eu queria, ela começou a dirigir minhas energias para finalidades melhores. Conseguiu uma máquina de escrever de segunda mão e começou a me ensinar como expressar minhas ideias no papel. Finalmente, ajudou-me a conseguir um emprego como repórter nas montanhas, para uma cadeia de pequenos jornais. Hoje posso olhar para trás e apontar esse momento como o mais importante em minha vida. É de espantar que eu seja grato a essa grande mulher?

Por causa de minhas próprias experiências, sinto-me inclinado a tomar o lado dos delinquentes juvenis, sempre que ouço falar de seus problemas.

Claro, nem toda delinquência tem as mesmas causas. Em muitos casos, contudo, desconfio que resulta de regras excessivamente severas, aplicadas com rigor demais. E acho também que muitos pais não conseguem compreender que a energia inesgotável que leva jovens a se meterem em problemas poderia ser facilmente dirigida para um sucesso enorme. O indivíduo apático e indolente, que carece do espírito de aventura, não é aquele que vai realizar grandes coisas na vida. Muitos dos indivíduos que chegaram a altas posições em nossa civilização foram "causadores de confusão" — espíritos livres que não receavam desafiar convenções para desbravar novos caminhos, para sacudir seus seguidores da letargia em que vegetavam.

Se seu filho é uma pessoa corajosa, enérgica, dê graças a Deus. Ajude-o a canalizar um caráter forte para o sucesso na vida. Louve seus filhos pela boa vontade em experimentar de tudo. Mostre-lhes como aprender com os erros, quando tomarem o caminho errado. Acima de tudo, dê-lhes louvor em vez de condenação, porque, por algum motivo, é próprio da natureza humana que o indivíduo procure viver à altura da reputação que os outros lhe dão.

SEMANA 43

O sofrimento pode ser uma bênção

Sofrimento e mágoa são inevitáveis na vida. Inescapáveis. Compreendendo bem esse fato, você poderá rolar com os golpes do infortúnio e levantar-se com mais rapidez.

O sofrimento pode servir a uma finalidade espiritual muito útil. Pode quebrar padrões de hábitos de pensamento antigos e improdutivos. Pode condicionar a mente à humildade. O sofrimento é também remédio para a alma e a mente, derrubando as muitas barreiras que em geral se interpõem entre o homem e as imensas forças espirituais que nele existem.

Os gregos antigos entendiam plenamente esse fato na representação de tragédias, que tinham a finalidade de exercer influência purificadora sobre a alma dos espectadores.

O caráter forte é como fino aço, que foi repetidamente aquecido e esfriado. Em vez de quebrar sob a adversidade, torna-se temperado com uma dureza ainda maior. E é nas ocasiões de profundo sofrimento que a Inteligência Infinita se revela a nós. A oração torna-se mais eficaz, trazendo consolo e resultados espirituais positivos. E só por comparação com as profundezas do sofrimento é que podemos medir nosso grau de felicidade nas circunstâncias normais.

O sofrimento pode tornar-se um grande poder para o bem, quando é transformado em ação construtiva, que nos muda o estilo de vida. Sob sua influência, pecadores se tornaram homens bons, alcoólatras abandonaram a adicção e vaidosos aprenderam a necessidade da humildade. Alguns que sofreram mágoa e dor com a perda de entes queridos passaram frequentemente a ajudar outras pessoas nas mesmas circunstâncias.

Ao erguer a humanidade para o plano mais alto da inteligência, o Criador sabiamente nos deu capacidade de suportar sofrimento, a fim de podermos usar moderada e prudentemente nossa superioridade. O homem anormal — o estúpido, o brutal, o sádico, o criminoso — pode ter grande inteligência, mas carece da capacidade de sofrer.

Se tem grande capacidade de sofrer, você tem também grande potencial para gênio — contanto que compreenda o sofrimento como uma fonte útil de disciplina, e não como meio para autocomiseração.

Algumas das maiores obras da arte e ciência da civilização resultaram de momentos de dor sofridos por seus criadores. Individualmente, o sofrimento nos ajuda a crescer. Problemas e adversidades servem também para aproximar mais as pessoas, renovar o espírito de ajuda e união entre elas, como aconteceu com os britânicos durante a Segunda Guerra Mundial e com os Estados Unidos em épocas de crise nacional.

Nas profundezas da dor, descobriremos imensos poderes de coragem e fé, que nos ajudarão a superar as provações e tribulações mais usuais do dia a dia. Podemos evitar a armadilha da autopiedade procurando deliberadamente alguém com maior causa para sofrimento do que nós. Ajudando-o a enfrentá-lo bravamente e a dominá-lo, descobriremos que o nosso próprio sofrimento dissolveu-se no calor do amor pelo próximo.

O sofrimento, tal como a adversidade e a derrota, traz consigo a semente de uma alegria equivalente. Procure-a, até encontrá-la. Depois, alimente-a, ajude-a a desenvolver-se e transforme o sofrimento em triunfo.

SEMANA 44

Olhe-se no espelho

Meu secretário entrou em minha sala certa manhã e disse que um indigente estava na saleta de espera e que pedia urgentemente para falar comigo. No início, pensei em evitar a perda de tempo, dando-lhe dinheiro para um sanduíche e uma xícara de café, mas alguma coisa me levou a pedir que ele entrasse.

Eu nunca vira antes um indivíduo com um aspecto tão arrasado. Tinha barba de uma semana, e as roupas amassadas davam a impressão de terem sido tiradas de uma pilha de trapos.

— Eu não o censuro por parecer surpreso com minha aparência — começou ele —, mas receio que me entenda muito mal. Não vim aqui lhe pedir esmola. Vim pedir que me ajude a salvar minha vida.

"Meus problemas começaram há um ano, quando briguei com minha mulher e nos divorciamos. Em seguida, tudo começou a dar errado em minha vida. Perdi meu negócio e agora estou perdendo a saúde.

"Vim vê-lo por sugestão de um guarda, que me deteve no momento em que eu ia me atirar no rio. Ele me deu a opção de encontrá-lo ou ir para a cadeia, e está à espera lá fora, para ver se cumpro minha promessa."

O tom da voz e a linguagem usada indicavam claramente que se tratava de um homem de boa educação. Interrogando-o, descobri que ele fora dono de um dos restaurantes mais conhecidos de Chicago. Lembrei-me então de ter lido a notícia de que o estabelecimento fora vendido para pagar dívidas, meses antes.

Mandei meu secretário lhe preparar um desjejum, porque ele não comia havia dois dias. Enquanto a comida estava sendo providenciada, soube de toda a história da vida daquele homem. Nem uma única vez ele culpou quem quer que fosse pela situação em que se encontrava, salvo a si mesmo. Isto era um sinal a seu favor e que me deu um palpite sobre a maneira de ajudá-lo. Quando ele terminou, chegou minha vez de falar.

— Meu amigo — comecei —, ouvi com toda atenção sua história, e ela me impressionou profundamente. Impressionou-me especialmente o fato de que não tentou eximir-se da responsabilidade pela situação em que está.

"Impressionou-me também o fato de que não pôs a culpa em sua ex-mulher pelo divórcio. Merece elogios por ter falado sobre ela da maneira respeitosa como o fez."

Por essa altura, o estado de espírito do homem melhorava cada vez mais. Chegara o momento de eu revelar meu plano de ação e fazer com que o impressionasse da maneira como eu esperava.

— O senhor veio aqui em busca de ajuda — continuei —, mas lamento dizer que, depois de ouvir sua história, não há uma única coisa que eu possa fazer para auxiliá-lo. Contudo, conheço um homem que pode prestar-lhe ajuda, se ele quiser. Esse homem está neste prédio neste exato momento, e vou apresentá-lo ao senhor, se me permite.

Peguei-o em seguida pelo braço e levei-o à minha sala privativa, contígua ao escritório, e disse-lhe que ficasse diante de uma longa cortina. Quando a abri, ele se viu refletido em um espelho de corpo inteiro.

Apontando para o homem no espelho, eu disse:

— Este é o homem que pode ajudá-lo. É o único que pode fazer isso, e até que o conheça melhor e aprenda a confiar nele, não vai encontrar maneira de se libertar de sua atual infeliz situação.

Ele se aproximou mais do espelho, olhou com toda atenção para si mesmo, enquanto coçava a face barbada, depois virou-se para mim e disse:

— Entendi o que o senhor quer dizer, e que Deus o abençoe por ter me falado a verdade sem floreios.

Com essas palavras, ele fez uma mesura e saiu. Não o vi nem ouvi falar nele durante quase dois anos, até o dia em que ele ressurgiu, e de aparência tão diferente que não o reconheci. Explicou que conseguira ajuda do Exército de Salvação para se vestir decentemente. Em seguida, arranjara emprego em um restaurante semelhante ao que fora o seu e trabalhara como *maître,* até que um velho amigo o encontrou por acaso, ouvira-lhe a história e lhe emprestara dinheiro para comprar aquele estabelecimento.

Hoje ele é um dos mais prósperos donos de restaurante de Chicago, tão rico no que diz respeito a dinheiro quanto precisa, mas ainda mais rico por ter descoberto o poder de sua própria mente e como usá-la para entrar em contato com a Inteligência Infinita e a seus poderes recorrer.

Sua fonte de poder

Entre todos os grandes homens que conheci, nenhum me intrigou tanto quanto Thomas Edison, talvez pelo fato de que, a despeito de sua falta de educação formal, ele se tornou o homem de maiores realizações no campo da ciência.

Edison foi, de longe, o homem mais calmo que já conheci. Não sentia a menor frustração. Nenhum medo. Nem arrependimento em relação a coisas ou pessoas. Não alimentava ideias grandiosas sobre sua própria importância, e era humilde de coração, o que o tornava realmente grandioso.

Certa vez, conversando sobre as dez mil vezes em que ele fracassara nos experimentos para aperfeiçoar a lâmpada incandescente, perguntei-lhe:

— O que teria feito o senhor, se não tivesse finalmente descoberto o segredo?

Com um alegre brilho nos olhos, ele respondeu:

— Eu estaria agora no meu laboratório, trabalhando, em vez de perder tempo conversando com você.

Edison não conhecia a realidade que atende pelo nome de "fracasso". A fim de satisfazer minha curiosidade sobre quantos fracassos um homem comum pode aguentar, antes de desistir e renunciar a tudo em desespero, realizei certa vez uma pesquisa para descobrir a persistência das pessoas diante do fracasso ou derrota.

A maioria dos indivíduos que entrevistei desistiu de tentar quando sofreu a primeira derrota. Uma porcentagem muito pequena continuou e tentou pela segunda vez. O maior número, porém, desistiu antes mesmo da derrota, porque a esperavam, jogando a toalha antes que ela realmente acontecesse. Dispensa dizer que não havia Fords nem Edisons nesse grupo.

Observei ainda dois dos fatos mais importantes sobre as pessoas que têm sucesso na ocupação escolhida e sobre as que não têm. Os bem-sucedidos falam no tempo futuro do verbo, a respeito de objetivos ainda não alcançados e que pretendem atingir. Os fracassados falam no tempo passado, de suas derrotas e desapontamentos. Nunca encontrei uma exceção a essa regra.

Mas há outra característica que notei também sobre sucessos e fracassos. Os bem-sucedidos falam geralmente em termos elogiosos de outras pessoas que estão tendo êxito.

Inveja e vingança são palavras muito feias. Mais feio ainda é o caráter do indivíduo que se entrega a essas emoções. Contra elas você deve fechar a sete chave as portas de sua mente, se quer ter paz de espírito.

Tranque as portas da mente contra tudo que lhe cause ansiedade, medo, raiva, dor, inveja, cobiça e desejo de conseguir alguma coisa a troco de nada. O castigo por não agir assim será a perda da paz de espírito que procura.

Se foi magoado por alguém, você tem a oportunidade de descobrir se possui ou não as qualidades da grandeza. Se tem esse potencial, perdoe e feche a porta para o incidente. Se não dispõe dos alicerces da grandeza, descobrirá maneiras de vingar-se da pessoa que o feriu.

Se escolher esta última opção, será o mais infeliz dos dois, porque, na verdade, o indivíduo que manifesta qualquer forma de vingança é um infeliz. A vingança é como um bumerangue, que frequentemente volta para ferir aquele que o lançou.

Ponha a raiva e o ressentimento atrás daquela mesma porta fechada. Lembre-se, ninguém pode irritá-lo ou ferir seus sentimentos de forma alguma sem a sua cooperação.

O estado mental é algo que você pode controlar inteiramente. E talvez se espante ao descobrir, depois de conhecer melhor essa ideia de fechar a porta, a facilidade com que pode assumir as rédeas de sua mente e condicioná-la para alcançar qualquer objetivo que desejar. Ninguém pode controlar os atos dos demais nem as muitas circunstâncias da vida que tendem a nos enfurecer, mas você pode controlar suas reações a esses atos e circunstâncias.

A mente é sua, e só sua. Você é o único gestor das reações dela a cada circunstância que lhe afeta a vida. Aprenda a fechar a porta da mente e exclua todas as reações negativas, se deseja encontrar paz de espírito e prosperidade.

SEMANA 46

Utilize o mestre imbatível

Há um poder que nasce dentro de nós e que não reconhece classe social, obstáculos intransponíveis, problemas insolúveis. Está à disposição tanto do pobre e humilde quanto do rico e poderoso. Todos os que pensam certo o possuem. E não pode ser posto em uso por ninguém, a não ser por você mesmo.

Que estranho medo é esse que invade a mente e produz curtos-circuitos quando queremos usar esse poder secreto, que pode erguer o indivíduo às grandes alturas da realização pessoal? Por que a maioria das pessoas torna-se vítima de um ritmo hipnótico, negativo, que lhes destrói a capacidade de usar o poder secreto da mente?

A estrada para o gênio já foi mapeada. É o mesmo caminho seguido por todos os grandes líderes que contribuíram para nosso estilo americano de vida.

Frank Gunsaulus aprendeu a explorar esse poder secreto que vem de dentro. Ao tempo em que era ainda um jovem pastor, Gunsaulus já desejava havia muito fazer uma mudança em termos de ensino, construir um novo tipo de faculdade. Sabia exatamente o que queria, mas o problema era que a ideia precisava de um milhão de dólares em dinheiro vivo.

Resolveu que ia conseguir esse milhão. Um compromisso firme consigo mesmo, baseado em clareza de intenção, constituiu o primeiro passo de seu plano. Em seguida, escreveu um sermão intitulado "O que eu faria se tivesse um milhão de dólares". Anunciou nos jornais de Chicago que pregaria sobre esse assunto na manhã do domingo seguinte.

Ao fim do sermão, um homem que o pastor nunca vira antes foi até o púlpito e disse:

— Gostei de seu sermão. Procure-me em meu escritório e lhe darei o milhão de dólares de que necessita.

O estranho era Philip Armour, o fundador da Armour and Company.

Isto foi a essência do que aconteceu, e o poder que fez com que acontecesse foi fé aplicada — não uma mera fé passiva, mas fé fortificada por ação.

A fé, corretamente entendida, é sempre ativa, jamais passiva. A fé passiva não tem mais energia do que um dínamo parado. A fim de gerar energia, a máquina precisa ser posta em movimento. A fé ativa não conhece medo, nem nenhuma limitação autoimposta. Reforçado pela fé, o mortal mais débil é mais potente do que as calamidades, mais forte do que o fracasso, mais poderoso que o medo.

As emergências da vida levam muitas vezes o homem a uma encruzilhada, onde ele é obrigado a escolher entre duas estradas, marcadas como FÉ e MEDO. O que é que leva a vasta maioria a escolher a do medo? A escolha depende da atitude mental de cada um, e o Criador dispôs de tal modo nossos poderes que cada um de nós controla a sua.

Os que tomam a estrada da fé condicionaram a mente a acreditar nas possibilidades. Condicionaram-na um pouco de cada vez, através de decisões e de atos imediatos e corajosos nos detalhes do trabalho diário. Os que escolhem a estrada do medo assim agem porque deixaram de condicionar a mente para desenvolver uma atitude positiva.

Procure, até descobrir, esse poder secreto que existe em você. Quando o encontrar, descobrirá seu verdadeiro eu, aquele outro eu que tira proveito de todas as experiências da vida. Em seguida, quer você fabrique a melhor ratoeira, escreva o melhor livro ou pregue o sermão mais inspirador, o mundo abrirá um caminho até sua porta, reconhecerá seu valor e o recompensará. O sucesso será seu, pouco importa quem você seja ou qual possa ter sido a natureza e dimensão de seus fracassos passados.

Dê graças todos os dias

Numerosos homens e mulheres bem-sucedidos na vida dizem que chegaram lá por conta própria. Mas a verdade é que ninguém alcança o topo sem ajuda. Uma vez tenha estabelecido uma meta clara para seu sucesso — e dado os primeiros passos para conquistá-lo —, quando der por si, estará recebendo ajuda de origens inesperadas. Você precisa estar preparado para dar graças pela ajuda, humana e divina, que receber.

Gratidão é uma bela palavra porque descreve um estado mental de natureza profundamente espiritual. Realça nossa personalidade com um encanto magnético e é a chave mestra que abre a porta para os poderes mágicos e a beleza da Inteligência Infinita. A gratidão, tal como outros traços do caráter da personalidade cordial, é simplesmente questão de hábito. Mas também um estado da mente. A menos que sinta realmente a gratidão que expressa, suas palavras serão ocas, vazias, e parecerão tão falsas quanto os sentimentos que manifesta.

Gratidão e graciosidade relacionam-se estreitamente. Desenvolvendo conscientemente senso de gratidão, sua personalidade se tornará mais cordial, mais nobre e encantadora. Nunca deixe passar sequer um dia sem alguns minutos dedicados a dar graças por suas bênçãos, porque gratidão é uma questão de comparação. Compare as circunstâncias e fatos com o que poderiam ter sido, e se tomará consciente de que, por piores que sejam as coisas, elas poderiam ser muito piores — e ficará grato porque não são.

Três expressões devem figurar entre as mais comuns no seu uso diário. Elas são "Obrigado", "Me sinto muito agradecido" e "Gostei muito". Seja atencioso. Veja se descobre novas e diferentes maneiras de expressar gratidão, não necessariamente em presentes materiais. Tempo e esforço são muito mais preciosos, e o volume de ambos que você investir manifestando gratidão será muito bem empregado.

Torne sua gratidão criativa. Faça com que ela trabalhe para você. Já pensou, por exemplo, em escrever ao seu empregador um bilhete simples, dizendo o quanto gosta do emprego e como se sente grato pelas oportunidades que ele oferece? Essa gratidão criativa fará com que o empregador pense em você — e poderá mesmo lhe render um aumento de salário. Por mais óbvia que possa parecer esta afirmação, o fato é que a gratidão é contagiosa. O empregador pode pegar o vírus e descobrir maneiras concretas de também manifestar gratidão pelos serviços que você lhe presta.

E não se esqueça de mostrar-se agradecido pelos que estão mais próximos de você — seu cônjuge, outros parentes e aqueles com quem mantém contato diário —, os quais talvez tenha o costume de ignorar. Você provavelmente deve mais a eles do que pensa.

A gratidão assume novo significado — nova vida e poder — quando expressada em voz alta. Os membros de sua família provavelmente sabem que lhes é grato pela fé que têm em você, mas diga-lhes isso — frequentemente! E descobrirá que um novo espírito irá preencher o seu lar.

Lembre-se, há sempre alguma coisa pela qual agradecer. Até o cliente potencial que se recusa a comprar deve receber seu agradecimento pelo tempo que lhe dedicou. Será muito mais provável que lhe compre na próxima vez.

A gratidão nada custa, mas é um grande investimento a longo prazo.

SEMANA 48

Ajuda para conseguir paz de espírito

Sua mente torna-se sadia ou doente como reação aos estímulos que você lhe dá, da mesma forma que o corpo físico responde aos alimentos que ingere. Algumas de suas experiências diárias são boas para sua saúde mental e outras devem ser eliminadas porque se transformam em venenos mortais.

Quando conquistar paz de espírito, a mente rejeitará de modo automático todos os pensamentos e reações mentais prejudiciais a seu bem-estar. Mas, antes de obter esse desejável controle mental, será necessário que descarte voluntariamente todas as influências mentais negativas, que não quer que se tornem parte de seu caráter. "Descartar" consiste em transmutar pensamentos negativos em positivos. Isto é feito simplesmente expulsando da mente pensamentos desagradáveis e treinando-a com pensamentos agradáveis.

A única aventura de O. Henry no crime, que lhe custou uma sentença de prisão, foi transformada em um talento como escritor que o tornou imortal na literatura.

As frustrações de Jack London no começo da vida foram transformadas em romances que o tornaram uma figura nacional e cujas histórias são apreciadas por todos até hoje.

Knut Hamsun, um imigrante norueguês, fracassou em tudo o que tentou. Finalmente, em desespero, decidiu escrever a história de seus desapontamentos em um livro que intitulou de *Fome*. O livro ajudou-o a ganhar o Prêmio Nobel de Literatura e levou editores de todo o mundo a abrir caminho até sua porta. Em seguida, as riquezas chegaram abundantes — e suficientes para que ele se aposentasse.

Lembre-se, nossas experiências na vida — boas ou más — não são importantes por si mesmas. O que conta é nossa reação a elas. Fechando a porta a essas experiências desagradáveis, podemos transformá-las em benefícios muito valiosos para nós próprios e para o mundo.

Charles Dickens sofreu um desapontamento em seu primeiro caso amoroso. Em vez de se jogar do prédio mais alto ou tomar uma *overdose* de comprimidos para dormir, transformou o amor não correspondido no *David Copperfield,* uma obra-prima que lhe abriu uma carreira coroada de glória e riquezas dignas de um rei.

Frequentemente acontece que, antes de nos encontrarmos com nós mesmos, temos que passar por uma série de reveses, desapontamentos, derrotas e fracassos. Com toda probabilidade, Harry Truman teria ficado muito surpreso se, em seguida a seu fracasso como proprietário de um pequeno comércio, lhe houvessem dito que um dia ele se tornaria presidente dos Estados Unidos.

Feliz o dia em que descobrimos que não existe perda permanente, que de tudo que nos é tirado, alguma coisa de igual ou maior valor nos é dada em troca — talvez, alguma coisa inteiramente diferente daquilo que perdemos.

É um dia igualmente feliz quando descobrimos que a maior parte de nossos denominados fracassos e derrotas são bênçãos disfarçadas, que nos forçam a mudar o curso da vida e nos levam a maiores oportunidades, maior felicidade e maior compreensão.

Teria sido difícil fazer com que Milo C. Jones acreditasse nisso na época em que era um sadio trabalhador rural no Wisconsin, mas se lhe tivesse sido dito isso depois de ser tomado inválido por uma paralisia e de ter descoberto e desenvolvido a mente que o tornou multimilionário, ele teria ouvido com respeito.

Não é estranho que as pessoas raramente despertem, exceto quando atingidas por um desastre? Talvez o Criador planeje as coisas dessa maneira. Aparentemente, não há outra explicação. A mina de cobre mais rica do mundo foi descoberta por um mineiro que passara a maior parte da vida à procura de ouro. Sua fiel mula, que lhe carregava todas as suas posses mundanas, incluindo o equipamento de mineração, enfiou a pata num buraco, quebrou a perna e teve que ser sacrificada. Enquanto tentava tirar a perna da mula de dentro do buraco, o minerador descobriu a rica jazida de cobre.

Lembre-se: quando sentir qualquer tipo de frustração, isto talvez seja obra de um amigo invisível que está tentando salvá-lo de problemas.

SEMANA 49

Contentamento

O homem mais rico do mundo vive em Vale Feliz. Ele é rico em valores que perduram, em coisas que não pode perder — coisas que lhe dão contentamento, boa saúde, paz de espírito e harmonia espiritual.

Vejamos um inventário de suas riquezas e como ele as adquiriu:

- **"Encontrei felicidade ajudando outros a encontrá-la."**
- **"Encontrei boa saúde vivendo com moderação e comendo apenas o alimento que meu corpo necessita para se manter."**
- **"Não odeio nem invejo homem nenhum, e amo e respeito toda a humanidade."**
- **"Estou empenhado em um trabalho de amor, com o qual misturo generosamente diversão. Por isso mesmo, nunca me canso."**
- **"Rezo diariamente, não por mais riquezas, mas por mais sabedoria com a qual possa reconhecer, usar e desfrutar a grande abundância de riquezas que já possuo."**
- **"Não pronuncio o nome de ninguém, se não for para honrá-lo, e não calunio homem algum, por nenhum motivo."**

- "Não peço favores a ninguém, apenas o privilégio de dividir minhas bênçãos com todos os que as desejem."
- "Estou em paz com minha consciência, e por isso ela me guia por caminhos retos em tudo o que faço."
- "Tenho mais riqueza material do que preciso, porque estou livre da ganância e cobiço apenas as coisas que possa usar construtivamente enquanto viver. Minha riqueza vem daqueles a quem beneficiei, compartilhando com eles minhas bênçãos."
- "A propriedade do Vale Feliz, que é minha, não é tributável. Existe principalmente em minha mente, e se constitui de riquezas intangíveis que não podem ser avaliadas para fins de tributação ou expropriadas, exceto pelos que adotam meu estilo de vida. Criei esta propriedade ao longo de uma vida inteira de trabalho, observando as leis da Natureza e formando hábitos para se adequarem a elas."

O credo do homem do Vale Feliz não está protegido por direito autoral. Se você o adotar e viver de acordo com ele, poderá fazer com que a vida o remunere em seus próprios termos. Esta crença pode lhe trazer amigos novos e mais apropriados, além de lhe desarmar os inimigos. Pode trazer prosperidade a seu negócio, profissão ou vocação, e tornar seu lar um paraíso de profunda felicidade para todos os membros de sua família. Pode alongar a sua vida e livrá-lo do medo e das preocupações.

Acima de tudo, o credo do homem do Vale Feliz pode lhe trazer sabedoria para solucionar todos os seus problemas pessoais — antes mesmo que eles surjam — e lhe dar paz e contentamento.

Nem de mais, nem de menos

A fim de desfrutar de paz de espírito, você precisa aprender o que é suficiente. Tem que aprender a adquirir apenas o suficiente — e nada mais — de tudo que for necessário para sua felicidade.

Tornar-se rico em dinheiro é uma coisa, mas tornar-se rico em todas as riquezas da vida que constituem a felicidade é outra muito diferente. Lembre-se, você não é rico no sentido mais alto da palavra, a menos que tenha aprendido o caminho para a paz de espírito permanente.

Dinheiro sozinho não pode trazer paz à mente, mas pode, e isso frequentemente acontece, trazer preocupações, sofrimento e medo, que tornam impossível manter a paz de espírito. O dinheiro pode tornar-se uma bênção ou uma maldição, não pelo volume que dele você possui, mas pelo uso que lhe dá.

Quando o usa para enriquecer a vida de outras pessoas tanto quanto a sua, pode ser uma grande bênção. Mas quando o usa apenas por motivos egoístas, ele se torna uma maldição, você se transforma em seu escravo e viverá lutando para conseguir mais dele do que necessita.

SEMANA 51

Você se parece com esta pessoa?

A autoanálise frequente, crítica, é necessária para garantir que você observe princípios que podem alçá-lo ao sucesso. Talvez uma lista de controle o ajude a identificar os pontos fracos que o estão prejudicando. Tente comparar-se com uma pessoa imaginária que obteve sucesso na vida — vamos chamá-la de Mary Smith — e ver como você se sai.

Mary estabeleceu para si mesma uma meta clara na vida e preparou um plano para atingi-la, dentro de um prazo-limite. Em suma, deu o primeiro e mais importante passo para o sucesso. E você?

Sempre que sofre uma derrota temporária, Mary, em vez de ficar desanimada, procura a semente de um benefício equivalente, que possa reverter a situação em seu favor.

Mary vive cada dia com energia e entusiasmo, e assim transforma o trabalho em divertimento. Abstém-se de discutir seus problemas com outras pessoas, sabendo que o sucesso é criado pelo próprio som do sucesso.

Além do mais, sabe que o maior sucesso é obtido pelo grupo, e não pelo indivíduo. Procura, com toda atenção, formar grupos cooperativos, nos quais a livre troca de ideias, talentos e energias resultará com mais certeza no atingimento das metas desejadas. Frequentemente, vai além do requerido, dando mais do que dela se espera.

Veste-se apropriadamente, administra seus rendimentos, economizando parte do que ganha, e com todo cuidado zela por sua saúde.

Acima de tudo, Mary mantém uma atitude mental invariavelmente positiva. Está convencida da verdade do primeiro princípio da Ciência do Sucesso — O que quer que a mente possa conceber e acreditar, ela pode realizar — e certifica-se de que todas as partes envolvidas em qualquer intercâmbio se beneficiam, não havendo nem vencedores nem vencidos. Sua liderança e seus subordinados a admiram porque ela toma decisões rápidas e assume plena responsabilidade por elas.

Mary é leal. E generosa com cumprimentos e elogios — não com lisonja —, quando merecidos. É uma mulher fácil de conviver. Tem senso de humor e é atenciosa e cortês. Jamais usa linguagem repreensível, e considera todas as pessoas como iguais.

Constantemente, tenta aprimorar-se. Sabe que bons livros, boas peças de teatro e boa arte podem ser desfrutadas com pouca despesa em bibliotecas, museus e teatros de repertório. Mais importante, faz uso constante dessas facilidades.

Mary é pessoa de confiança, ativa. Sua palavra é seu penhor. Seu crédito é bom porque sabe que dívidas demais são uma pedra atada em volta do pescoço, que pode puxá-la para baixo enquanto sobe a escada do sucesso.

De que modo você se assemelha a Mary?

SEMANA 52

O poder da fé

Em termos simples, fé significa ação. É a aplicação da sua fé em você mesmo, em seus semelhantes, nas oportunidades à sua disposição, e em Deus — em todas as circunstâncias.

Quanto mais meritórias suas metas, mais fácil seguir os princípios do sucesso para atingi-las. E impossível não se sentir entusiasmado e se dedicar à conquista de objetivos dignos e desejáveis.

Não estou falando do que desconfio que seja verdade, porque sei que é real. Esta verdade não é invenção minha. Não reivindico direito a ela, exceto o privilégio de lhe ter observado ser aplicado, invariavelmente, em todas as situações da vida ao longo de muitas décadas.

Se você quer prova indisputável da validade dessas leis de sucesso, não posso oferecê-la, exceto chamando para depor uma testemunha, e esta testemunha é você. Você pode dar essa prova simplesmente submetendo essas leis a teste e as aplicando pessoalmente.

Se desejar fontes mais substanciais e autorizadas, recomendo-lhe a leitura dos ensinamentos e filosofia de Cristo, Platão, Sócrates, Epicteto, Confúcio, Emerson, James e Münsterberg, de cujas obras extraí os elementos fundamentais mais importantes. A eles acrescentei o que reuni com minha própria experiência.

Inerente ao princípio da fé aplicada há a observação contínua da Regra Áurea na vida diária. Há mais de quatro mil anos, a Regra Áurea vem sendo pregada como norma de conduta reta, embora, infelizmente, o mundo tenha aceitado a letra mas ignorado inteiramente o espírito dessa exortação universal. Aceitamos a Regra Áurea meramente como uma regra válida de conduta ética, mas não conseguimos compreender a lei em que ela se baseia.

A lei é a seguinte: Colhemos aquilo que plantamos. Quando escolhermos uma regra de conduta para guiar-nos em nossos relacionamentos com outras pessoas, seremos leais e justos se soubermos com certeza que estamos pondo em movimento um poder que percorrerá o seu curso (para o bem ou para o mal) na vida dos demais, retornando finalmente para nos ajudar ou prejudicar, segundo sua natureza.

Constitui direito seu ser injusto com os demais, mas se compreende o fundamento da Regra Áurea, você precisa saber que conduta injusta é feitiço que se volta contra o feiticeiro. A lei não significa meramente retaliação por atos de injustiça e maldade que praticou com os demais. Ela vai além, e lhe devolve os resultados de cada pensamento que liberou.

Por conseguinte, não apenas é aconselhável "fazer aos outros aquilo que quer que lhe façam", mas você tem também que "pensar sobre os outros aquilo que quer que eles pensem sobre você", a fim de aproveitar plenamente os benefícios dessa grande lei universal.

Seu caráter é a soma total de seus pensamentos e atos. É impossível, portanto, que você preste qualquer serviço útil ou pratique qualquer ato de bondade sem beneficiar a si mesmo.

É igualmente impossível que se entregue a atos ou pensamentos destrutivos sem que seja penalizado por meio da perda de um volume correspondente de seu próprio poder e paz de espírito.

Você é um ímã humano. Atrai para si aquelas propriedades que se harmonizam com as suas e repele todas as demais. Se deseja atrair pessoas atenciosas, bondosas, generosas, bem-sucedidas, você mesmo tem que ser uma pessoa assim. A escolha é sua, só sua.

Este livro foi composto na tipografia Minion Pro,
em corpo 11,5/16, e impresso em papel off-white
no Sistema Cameron da Divisão Gráfica
da Distribuidora Record.